Erläuterungen und Dokumente

Gerhart Hauptmann
Die Ratten

Von Werner Bellmann

Philipp Reclam jun. Stuttgart

Gerhart Hauptmanns Tragikomödie »Die Ratten« erschien in einer Einzelausgabe als Ullstein-Buch Nr. 4977, wobei der Text der Centenar-Ausgabe folgt.

Universal-Bibliothek Nr. 8187

Gesamtherstellung: Reclam, Ditzingen. Printed in Germany 2000
RECLAM und UNIVERSAL-BIBLIOTHEK sind eingetragene Marken der Philipp Reclam jun. GmbH & Co., Stuttgart
ISBN 3-15-008187-4

Inhalt

I. Kommentar, Wort- und Sacherklärungen

[Titel] *Die Ratten:* Zur Titelmetapher äußert Hauptmann in der Fragment gebliebenen autobiographischen Schrift »Zweites Vierteljahrhundert« (entst. 1938): »›Die Ratten‹: ich habe wohl die Literaturboheme von damals [Mitte der 80er Jahre] mit inbegriffen unter diesem Bilde gedacht, die hier in einem gewissen Sinne wohl nicht den Staat, aber die herrschende Literatur von damals unterminierte. Die Tummelplätze dieser Boheme lagen in ebenden dumpfen Winkeln und Verstecken, die bei ihr üblich und manchmal nur wenig von den Spelunken des Verbrechens abstechen. Eine gewisse Lichtscheu mochte mitsprechen, da mancher dieser Zigeuner – es war unter dem Sozialistengesetz – den Lehren der Sozialdemokratie nicht allzu fernestand.« (CA XI,490.)

Nach der Aussage des national-konservativen Hassenreuter im Stück wirken die ›Ratten‹ unterminierend auf dem Gebiet der Kunst und auf dem der Politik (s. Akt III). Darin spiegelt sich die Polemik gegenüber der stark sozialkritisch orientierten frühnaturalistischen Dichtung, die von konservativer Seite als sozialistische Parteiliteratur bekämpft wurde. In seiner Schrift »Die konventionellen Lügen der Kulturmenschheit« (1883), die bei der oppositionellen jungen Schriftstellergeneration auf große Resonanz stieß, hat der Kulturkritiker Max Nordau die Aktivitäten der Sozialdemokratie bereits im Bild der Nagetiere festgehalten: »In Deutschland nascht der Sozialismus mit hunderttausend Mauszähnen an den Pfeilern aller staatlichen und gesellschaftlichen Einrichtungen, und nicht die Lockpfeife der Rattenfänger Staats-, Katheder- und christlicher Sozialismus noch die verschwenderisch umhergestellten Fallen der Ausnahmsgesetze, des kleinen Belagerungszustandes und der Polizeiwillkür wenden die unermüdlichen Nager auch nur einen Augenblick lang von ihrem unheimlich geräuschlosen unterirdischen Zerstörungswerk ab.«

(Zit. nach: »Theorie des Naturalismus«, hrsg. von Theo Meyer, Stuttgart 1973 [u. ö.], Reclams Universal-Bibliothek 9475 [4], S. 69.) Zu erinnern ist in diesem Zusammenhang überdies an Heinrich Heines berühmtes Gedicht »Die Wanderratten«, das im Bild dieser ›Ratten‹ eine politische Angstvorstellung des Bürgertums treffen will.

Günter Grass erweist in seinem 1986 erschienenen Roman »das Rattige« als Projektion eines menschlichen Feindbildes auf den jeweiligen Gegner. Nach ausdrücklichem Bezug u. a. auf Albert Camus' »Die Pest« (1947), George Orwells »1984« (1949) und eben Hauptmanns Stück heißt es dort im Entwurf einer »Laudatio auf das verdiente Rattengeschlecht«: »Halten wir fest: zumeist dem menschlichen Elend, der Armut, dem Hunger, dem Grauen, der Krankheit und dem Bedürfnis nach Ekel leibeigen, ist die Ratte bisher nur zu fragwürdigen literarischen Ehren gekommen: Seuchen waren ihr aufgebürdet, nagende Not zwang sie ins Bild, ihr Ort hieß Kloake, Slum, Verlies, KZ, Unterwelt. Sie kündete Unglück an, böse Zeit und das sinkende Schiff.« (Günter Grass, »Die Rättin«, Darmstadt/Neuwied 1986, S. 192.) – Vgl. auch die in Kap. V abgedruckten Interpretationen der Titelmetapher.

[Untertitel] *Berliner Tragikomödie:* Zur Gattungsbezeichnung ›Tragikomödie‹ siehe die zu Beginn von Kap. V wiedergegebenen Zeugnisse und Interpretationen. – Im September 1910 erklärte Hauptmann in einem Interview: »Das ist eigentlich mein erstes Stück, das sich ausschließlich mit Berlin beschäftigt. Ich beginne damit einen größeren Zyklus von Berliner Dramen. Das ist eine alte Idee von mir, denn schon vor etwa 20 Jahren wollte ich eine Serie von Stücken schreiben, deren Leitmotiv die gewaltige Entwicklung Berlins sein sollte. Ich fühlte aber damals noch nicht den rechten Mut für diese große Aufgabe.« (»Eine Unterredung mit Gerhart Hauptmann«, in: »Berliner Lokal-Anzeiger«, Nr. 469 vom 15. September 1910.) Diese moderate öffentliche Erklärung kontrastiert signifikant zu Aufzeichnungen, die Hauptmann im Februar 1909 im Tagebuch vorgenommen hatte: »Furchtbar ist diese Stadt [Berlin]: die nur wenige Menschen von denen, die an sie gebunden sind, lieben. Ein ewiger, dumpfer Donner. Das Rattern und Tuten der Automobile. Man möchte dieser rasenden Orgie Halt gebieten. Der Mensch grassiert wie eine Plage. [...] Vielleicht kann ich dieser Stadt wenigstens in einem Werk einmal den Spiegel vorhalten. Sie muß sich so sehen, wie ich sie sehe, [...] erfüllt von Dämonen, ein Inferno.« (Zit. nach: Hans von Brescius, »Gerhart Hauptmann. Zeitgeschehen und Bewußtsein in unbekannten Selbstzeugnissen«, Bonn 1976, S. 53.) Wenige Wochen nach diesem Tagebucheintrag begann die erste Phase der Ausarbeitung der ›Berliner Tragikomödie‹, über die Hans Mayer urteilt: »Vielleicht bedeuten die ›Ratten‹ schlechthin den wichtigsten Beitrag Gerhart Hauptmanns zum modernen Welttheater. Auch wird, von heute her betrachtet, erkennbar, daß es sich dabei nicht mehr, wie ursprünglich angenommen, um Hauptmanns Rückkehr zum Naturalismus seiner Anfänge handelte, sondern um eine Großstadtdichtung ganz eigentümlicher Art, die das Geschehen im Berliner Mietshaus stark in die Nähe expressionistischer Großstadtdichtung rückt.« (Mayer, S. 68.)

Erster Akt

ehemaligen Kavalleriekaserne zu Berlin: Reales Vorbild für den Schauplatz der Tragikomödie, in der Hauptmann die ›Einheit des Ortes‹ streng wahrt, ist die unter Friedrich II. erbaute Kaserne Alexanderstraße 10 / Ecke Voltairestraße nahe dem Alexanderplatz. In den 80er Jahren des 19. Jh.s wurde das heruntergekommene, vom Volksmund mit dem bezeichnenden Namen »Wanzenburg« belegte Gebäude von etwa 60 Familien bewohnt.

Anläßlich einer Aufführung des Stücks durch die Berliner Volksbühne erinnerte sich der Hauptmann-Biograph Arthur Eloesser in einer am 10. Oktober 1932 in der »Vossischen Zeitung« (Nr. 486) publizierten Kritik: »Ich habe die ausgediente Dragonerkaserne der Alexanderstraße, die Gerhart Hauptmann bedichtete, noch gekannt und das verwitterte Gemäuer ziemlich gründlich studiert. Was wir als Schuljungen da zu tun hatten? Gar nichts. Es war die ›Unterwelt‹, die uns anzog, ihr infernalischer Dunst von Laster und Verbrechen, von dreist ausgestelltem und dadurch malerischem Elend. Aber daß so eine Mietskaserne zu dramatischen Ehren gelangen konnte, hätten wir nicht für möglich gehalten. Denn der Naturalismus war damals in Berlin noch nicht angekommen. Als Gerhart Hauptmann die Tragikomödie 1911 herausgab, war der Naturalismus aus Berlin wieder abgereist.«

Mit dieser Charakterisierung des Milieus korrespondiert Hauptmanns Feststellung aus dem Oktober 1934, er habe in seiner Tragikomödie »eine unterirdische Welt des Leidens, der Laster und Verbrechen« zur Darstellung gebracht (CA VI,886). Vgl. auch die in Kap. IV, S. 100–102, abgedruckte Kritik des Schriftstellers Oskar Maurus Fontana (21. Januar 1911).

Extheaterdirektor Harro Hassenreuter: Urbild dieser Bühnenfigur ist Alexander Heßler (1833–1900), worauf Hauptmann selbst mehrfach hingewiesen hat, u. a. in der autobiographischen Schrift »Das Abenteuer meiner Jugend« (1937): »Alexander Heßler, weiland Direktor des Straßburger Königlichen Theaters, hatte aus einem Zusammenbruch seiner Vermögensumstände zahllose Kisten mit Kostümen und Requisiten, einen Fundus also, gerettet und auf dem Boden einer alten Kaserne untergebracht. Dahin ging ich von Erkner aus regelmäßig zum Schauspielunterricht.

Ich brauche davon nicht mehr zu sagen; eines meiner späteren Werke, ›Die Ratten‹, ist auf den Eindrücken dieses Milieus aufgebaut.« (CA VII,1046.)

Heßler war 1872–81 Theaterdirektor in Straßburg; 1882 bis 1883 leitete er das Residenztheater in Bremen, und 1884 übersiedelte er nach Berlin. Schauspielunterricht erteilte er

Alexander Heßler (1833–1900)
(Theatermuseum des Instituts für Theater-, Film- und Fernsehwissenschaft der Universität Köln)

Hauptmann ab Ende 1884, vermutlich bis in das Jahr 1886 hinein (der Umzug Hauptmanns von Berlin-Moabit nach Erkner – s. das vorstehende Zitat – erfolgte am 20. September 1885). – Am 11. Februar 1900, zwei Tage nach Heßlers Tod, telegraphierte Hauptmann der Witwe nach Straßburg: »Schmerzlich bewegt durch das Hinscheiden Ihres Herrn Gemahls, drücke ich Ihnen mein tiefstes Beileid aus. Der väterliche Rat des Verstorbenen hat meine früheste dramaturgische Entwicklung begleitet, und in herzlichster Dankbarkeit werde ich immer seiner gedenken.« (Zit. nach: Ernst Lewinger, »Der Theaterdirektor in G. Hauptmanns Ratten«, in: »Dresdner Anzeiger«, Nr. 92 vom 23. Februar 1922.)

Pappenheimscher Kürassiere: gehören zum Personal von Schillers »Wallensteins Tod« (III,15).

Karl Moor: der freiheitsdürstende Rebell in Schillers Schauspiel »Die Räuber«.

Flamberge: Schwerter mit flammenförmiger Klinge; in Gebrauch seit dem 15. Jh.

Scharteken: (niederdt.) Schmöker, alte Bücher.

eines Sonntags, Ende Mai: Handlungszeit des Stücks ist das Jahr 1885, worauf mehrere Textanspielungen hindeuten – s. etwa Akt I, Anm. zu *»Komm herab, o Madonna Teresa!«* (S. 20), Akt II, Anm. zu *Fundamente lejen ... neue Reichstagsjebäude* (S. 22), Akt III, Anm. zu *Herrn Maddai* (S. 43). – Auf das Jahr 1885 wird häufig der Durchbruch des Naturalismus in Deutschland terminiert: Es erschienen die Lyrikanthologie »Moderne Dichter-Charaktere« (mit programmatischen Einleitungen von Hermann Conradi und Karl Henckell) sowie die Gedichtsammlung »Das Buch der Zeit« von Arno Holz, und im selben Jahr eröffnete der Zola-Apostel Michael Georg Conrad in München seine »Realistische Wochenschrift für Literatur, Kunst und öffentliches Leben« mit dem beziehungsreichen Titel »Die Gesellschaft«. Die Wahl der Handlungszeit erweist sich als bedeutungsvoll vor allem im Blick auf die Kontroverse zwischen Hassenreuter und Erich Spitta in der Eingangsszene des dritten Akts.

Lärvchen: »Larve« ist eigtl. Bezeichnung für eine Gesichtsmaske; hier – wie häufig, zumeist ironisch – für ›Gesicht‹.

Schlachtensee: Villenvorort am gleichnamigen See im Berliner Südwesten; heute Ortsteil im Verwaltungsbezirk Zehlendorf.

Halensee: See und Stadtteil im Westen Berlins, zwischen Grunewald und Charlottenburg.

Landwehrkanal: 1845–50 angelegter, 1883–89 erweiterter Kanal, der die Oberspree mit der Unterspree verbindet.

Marchthalle: die 1883–85 erbaute, aber erst 1886 eröffnete Zentralmarkthalle.

Joldstücke: Goldmünzen waren im Deutschen Reich seit 1873 das Zehn- und Zwanzigmarkstück.

Maurerpolier: »Polier« ist Bezeichnung für den Vorarbeiter oder Bauführer, der die Arbeitskräfte auf einer Baustelle beaufsichtigt.

weil ... Adelbertchen, an de Bräune jestorben is: Es handelt sich um eine späte Texterweiterung, handschriftlich eingefügt ins Regiebuch der Berliner Uraufführung. Unbeachtet blieb dabei ein Hinweis Hassenreuters in Akt II, wonach Frau John *schon einmal einen Jungen am Brechdurchfall eingebüßt* hat. – *Bräune*: volkstümliche Bezeichnung für Diphtherie (Rachenbräune) und Angina pectoris (Herzbräune).

in'n Dienst: als Dienstmädchen arbeiten.

wiste: Kontraktion aus: willst du.

Kaisa Willem: Wilhelm I., Deutscher Kaiser (1871–88) und König von Preußen (1861–88).

Jette: Abkürzung von »Henriette«.

Schuberle: Vokabel der Gauner- und Vagabundensprache, für ›Gespenst‹ (vgl. Siegmund A. Wolf, »Wörterbuch des Rotwelschen«, Mannheim 1956, S. 300).

Pinke: Gaunersprache, auch ugs.: Geld.

Atje: aus frz. »adieu«.

Tierjarten: großer, von den Häusermassen der Innenstadt und des Westens umschlossener Park.

Jrunewald: großer Forst, der von den westlichen Stadtbezirken bis an die Havel reicht.

Brunon: mundartl. Flexionsform; vgl. später: *Hulda'n, Papans, Quaquaron.*

Wasserkunst Kreuzberg: Gemeint sein könnte der Wasserfall (in künstlicher Felsenschlucht) im Viktoriapark am Abhang des Kreuzbergs; der Park wurde aber erst 1888–94 angelegt.

Totensonntag: in den evangelischen Kirchen der letzte Sonntag im Kirchenjahr, vor dem 1. Advent; Gedächtnistag der Toten.

Rüdersdorf: Gemeinde östlich von Berlin; bekannt vor allem durch die seit Jahrhunderten betriebenen Kalkbrüche.

ansteche: (berlin.) anstecke (anzünde).

Vitriol: die in Wasser löslichen schwefelsauren Salze; gemeint ist hier »Vitriolöl«, alte Bezeichnung für Schwefelsäure.

Oktober vorijen Jahr: gemeint ist wohl der Zeitpunkt, zu dem sie Kenntnis von der Schwangerschaft erhielt.

Schlafbodenstelle: Wohnungsnot und hohe Mieten zwangen in den 70er und 80er Jahren des 19. Jh.s unzählige Berliner Arbeiter- und Kleinbürgerfamilien, Schlafstellen zu vermieten. Die »Schlafburschen« und »Schlafmädchen« hatten nur nachts das Recht auf die Schlafstelle, tagsüber waren sie allenfalls geduldet; häufig mußten die »Schlafleute« den Strohsack auch umschichtig benutzen.

Lampen!: in der Gaunersprache ein Warnruf (›Vorsicht!‹), signalisiert »Späher, Vigilanten sowie jede Störung beim Einbruch«. Das Zitat entstammt dem von Hans Ostwald publizierten Werk »Rinnsteinsprache. Lexikon der Gauner-, Dirnen- und Landstreichersprache« (Berlin [1906]), das Hauptmann nachweislich bei der Konzeption der »Ratten« herangezogen hat. Ein Großteil der Gaunervokabeln, mit denen Brunos Reden durchsetzt sind, ist in diesem Lexikon belegt. – In Hauptmanns Nachlaßbibliothek befindet sich überdies folgendes Werk von Friedrich Christian Benedict Avé-Lallemant: »Das Deutsche Gaunerthum in seiner social-politischen, literarischen und linguistischen Ausbildung zu seinem heutigen Bestande« (Tl. 1–2: Leipzig 1858, Tl. 3–4: Leipzig 1862). Verweise auf dieses Werk in den folgenden Anmerkungen beziehen sich in der Regel auf das »Wörterbuch der Gaunersprache«, das Teil 4 angefügt ist.

Lauscha: Ohren; eigtl. aus der Jägersprache: »Lauscher«, Ohren des Haarwildes.

Zirkus Schumann: Großzirkus am Schiffbauerdamm, in einer 1879 von dem Zirkusdirektor Ernst Jakob Renz erworbenen Markthalle, die 1919 für Max Reinhardt zum Großen Schauspielhaus ausgebaut wurde (heute: Friedrichstadtpalast).

Tülle: hier ugs. für: Mädchen, Halbwüchsige; häufig verwendet mit pejorativem Nebensinn (leichtfertig).

Trittlinge: Gaunersprache: Stiefel, Schuhe (Ostwald und Avé-Lallemant).

barmherzige Schwester: Gaunervokabel für ›Freudenmädchen‹ (Avé-Lallemant).

'ne Wand machen: Gaunersprache: beim Taschendiebstahl den Dieb decken, abschirmen (Ostwald und Avé-Lallemant).

is et mich ... Pomade: (berlin.) Ausdruck der Gleichgültigkeit, wie ›das ist mir Wurscht‹.

abtippeln: Gaunersprache: sich heimlich davonmachen, verschwinden (Ostwald und Avé-Lallemant).

pomadig: ugs. für: langsam, träge, gleichgültig.

plattjemacht: Gaunervokabel für ›im Freien geschlafen‹ (Ostwald).

Kohlmarcht: Bei Ostwald und Avé-Lallemant ist »Kohlmarkt« nachgewiesen als Gaunervokabel für ›kein Geld haben‹.

der Potsdammer sind: (berlin.) der Dumme sein. – Vgl. dazu: Meyer, »Der richtige Berliner«, S. 92: »Potsdamer, dummer Mensch; aus der Zeit, da die Eisenbahn nach Potsdam noch neu war und die Potsdamer die in Berliner

Dingen Unerfahrenen waren. – Auch als Gegensatz zum Nassauer: der Potsdamer zahlt und hat nichts davon.«

Plattmullje: Gaunersprache: Brieftasche. – Bei Ostwald nachgewiesen in der Form »Plattmolle«, bei Avé-Lallemant in der Form »Plattmulje«.

abschrenken: Gaunervokabel für ›entspringen, ausbrechen‹ (Ostwald und Avé-Lallemant; bei letzterem: »abschränken«).

schiebt: (berlin.) »schieben« ist belegt im Sinne von ›zum Ziel führen‹ (»Der wird det schon schieben.«).

mit 'n Ast uff'n Puckel: mit einer Vorbelastung; die Wendung ist in einschlägigen Wörterbüchern nicht nachweisbar. – »Ast« bedeutet in der Gaunersprache ›Buckel‹.

Zangzuzih: Sanssouci (frz., ›sorgenfrei‹); Rokokoschloß in Potsdam.

mangmang: (berlin.) »mang«: unter, darunter, dazwischen; hier wohl in der Bedeutung ›durch‹.

Dohle: Bei Ostwald nachgewiesen in der Bedeutung ›Dirne, Prostituierte‹.

vertussen: In der Gaunersprache bezeichnet »Vertuß« die »Verdeckung einer Handlung durch Vornahme einer andern, welche die Aufmerksamkeit der Anwesenden in Anspruch nimmt«; »Vertuß machen, vertussen«: »solche Handlungen vornehmen, um z. B. die Aufmerksamkeit vom Taschendieb abzulenken« (Avé-Lallemant).

Schokoladenkasten: Zuchthaus; in Ostwalds »Rinnsteinsprache« nachgewiesen ist »Schokoladenmänner«: ›Zuchthäusler‹ – so genannt wegen ihrer braunen Kleidung.

Potsdam: neben Berlin Residenz der preußischen Könige; Stadt des Militärs und der Behörden.

Drajonerstraße: seinerzeit ein verrufenes Viertel.

Barnimstraße ... schwedsche Jardinen: Gemeint ist das Frauengefängnis in der Barnimstraße, nahe dem Alexanderplatz.

Der Direktor ... fünfzig Jahre alt ... durchaus feurig: Alexander Heßler, das Urbild des Hassenreuter, war am 16. Juli 1833 geboren. E. Erdmannsdörffer hat ihn 1911 in seinen

»Erinnerungen« wie folgt charakterisiert: »Von Statur unscheinbar und untersetzt, wäre Heßler, rein äußerlich betrachtet, wenig zum Schauspieler geeignet gewesen. Aber er besaß einen herrlichen Charakterkopf, scharf geschnittene Züge, wundervolle schwarze Feueraugen unter buschigen Augenbrauen, auf die er nicht wenig stolz war, und eine bedeutende Adlernase. In seiner Seele lebte ein loderndes Feuer echter Begeisterung, das auch andere zur Begeisterung mit hinriß und über etwaige Mängel und Schwächen der Natur siegreich triumphierte. Das äußerst starke, modulationsfähige Organ war durchaus auf den ›klassischen Ton‹ gestimmt, und so war er der geborene Interpret der Klassiker, der Mime der alten Schule. Der Kothurn, das hohle Pathos, das ihn auch in der alltäglichen Unterhaltung nie verließ, trat bei ihm an die Stelle des einfachen, schlichten Erzählertons, der sich erst später in der Schauspielkunst durchsetzen sollte.« (»Bühne und Welt« 13, 1911, Tl. 2, Bd. 26, S. 460–464, hier S. 461 f.)

Paletot: doppelreihiger Herrenmantel mit Samtkragen, meist aus schwarzem Tuch.

mit Ordenssternen überdeckte Brust: Kaiser Wilhelm I. »überschüttete Heßler mit hohen Auszeichnungen« (Erdmannsdörffer, S. 462). – Hassenreuter hat seine Orden angelegt anläßlich der Audienz in Potsdam.

Katakomben: eigtl., in frühchristlicher Zeit, unterirdische Begräbnisanlagen mit labyrinthisch angelegten Gängen.

Sic transit gloria mundi!: (lat.) »So vergeht der Ruhm der Welt!«; seit dem Spätmittelalter belegtes geflügeltes Wort.

mutatis mutandis: (lat.) mit den nötigen Abweichungen.

Fiat lux, pereat mundus!: Hassenreuter verbindet den Schöpfungsspruch »fiat lux« (lat., »es werde Licht«; 1. Mose 1,3) mit dem geflügelten Wort »Fiat iustitia et pereat mundus«. Letzteres soll ein Wahlspruch Kaiser Ferdinands I. (1556–64) gewesen sein: »Das Recht muß sein gang haben, und solt die Welt darüber zu grund gehen« (Büchmann).

Canaille: (frz.) bösartiger Mensch, Schurke.

Sapristi!: Der Ausruf ist Ausdruck des Erstaunens, der Empörung.
Tackel: (ndd.) Teckel, Dackel.
post hoc, ergo propter hoc!: (lat.) nach dem, also dessentwegen (gemeint ist: nach der ehrenden Audienz, also ihretwegen: »scheren Sie sich!«).
O Straßburg ... wunderschöne Stadt: in ganz Deutschland verbreitetes Lied; die älteste bekannte Aufzeichnung datiert aus dem Jahr 1771 (Sesenheim).
akkompagniert: begleitet.
schockscharmante: In Meyers »Der richtige Berliner« ist nachgewiesen »Schockscharmanter« in der Bedeutung ›(mein) Geliebter‹.
meiner reichsländischen Direktionsperiode: Das Elsaß und ein Teil Lothringens gehörten seit 1871 zum Deutschen Reich, als ›Reichsland Elsaß-Lothringen‹. Hauptmann hält sich an die Biographie Alexander Heßlers: Dieser war bis 1881 Theaterdirektor in Straßburg und wurde 1886 dorthin zurückberufen. – Entsprechendes hat sich für Hassenreuter aus der zuvor erwähnten Audienz ergeben, wie schon die Liedverse signalisieren und was seine Aufgeräumtheit erklärt.
Pillicock ... für und für: Zitate aus zwei Reden des sich geisteskrank stellenden Edgar in Shakespeares »König Lear« (III,4).
Sessa: gleichfalls übernommen aus »König Lear« (III,6).
Ex nihilo nihil ... nichts werden!: »De nihilo nihil« ist geflügeltes Wort nach Lukrez' »De rerum natura« I,150 und 205.
Kretin: Dummkopf.
bête imbécile: (frz.) dummes Vieh, schwachsinnige Bestie.
dort gelassen ... Außerdem fünfzigtausend Mark: Auch diesen Angaben liegen Fakten aus der Vita Heßlers zugrunde. Erdmannsdörffer teilt mit (S. 462): »Nur von der Idee beherrscht, als Germanisator wahre deutsche Kunst in den Reichslanden zur höchsten Blüte zu bringen, opferte Heßler, selbstlos genug, auch von den eigenen Revenuen für

sein Institut. So wurde ihm noch 1890 ein Betrag von 14000 Mk. durch den damaligen Statthalter, den Fürsten Hohenlohe, zurückgezahlt. Auch sonst hatte er mit Widerwärtigkeiten aller Art zu kämpfen. Ein Prozeß mit dem Theaterrestaurateur kostete ihn die Summe von 50000 Mk. Schadenersatz.«

Geharnischten ... kenn' doch meine Pappenheimer: siehe S. 10, Anm. zu *Pappenheimscher Kürassiere.* – »Daran erkenn ich meine Pappenheimer« (»Wallensteins Tod«, V. 1871) wurde in der Form »Ich kenne meine Pappenheimer« zum geflügelten Wort.

Hedschra: (arab.) die Übersiedlung Mohammeds von Mekka nach Medina im Jahr 622; von Hassenreuter bezogen auf seinen Abzug aus Straßburg.

Provinzschmieren: kleinere, unbedeutende Bühnen in Provinzorten.

Berlin ... Hoftheater: Das Königliche Schauspielhaus leitete 1851 bis zu seinem Tod 1886 Graf Botho von Hülsen. Den Spielplan beherrschten während seiner Intendanzzeit, vor allem in den 70er und 80er Jahren, die plattesten Erzeugnisse der dramatischen Literatur, triviale Unterhaltungsstücke und historische Machwerke, u. a. die Theaterkonfektion der Charlotte Birch-Pfeiffer (1800–68).

Sakra!: zu »Sakrament«; Ausruf des Erstaunens oder der Verwünschung: verdammt!

Bassermannsche Gestalt: geflügeltes Wort für ›fragwürdige Erscheinung‹. Der Ausdruck entstand aufgrund eines von Friedrich Daniel Bassermann in der Frankfurter Nationalversammlung (1848) erstatteten Berichts über Berliner Zustände: »Ich seh hier Gestalten die Straße bevölkern, die ich nicht schildern will.« Vgl. dazu: F. D. Bassermann, »Denkwürdigkeiten«, Frankfurt a. M. 1926, S. 256.

unparlamentarisch: österr. für ›unfein, vulgär‹.

last not least: (engl.) als letzter, nicht Geringster; auch Redensart im Sinne von ›nicht zu vergessen‹ (vgl. Shakespeares »King Lear« I,1).

Fürst Statthalter: Gemeint ist Chlodwig Fürst zu Hohenlohe-Schillingsfürst (1819–1901), worauf schon Maximilian Harden in einer Besprechung der Uraufführung hingewiesen hat (in: »Die Zukunft«, Nr. 18 vom 28. Januar 1911, S. 161). Fürst Hohenlohe war ab 1874 Botschafter in Paris, 1885 wurde er Statthalter im ›Reichsland‹ Elsaß-Lothringen.

sixt: siehst du. – Eine der charakteristischen Spracheigentümlichkeiten, die auf Alices österreichisch-wienerische Herkunft hinweisen (Harden bezeichnet sie als »wiener Soubrettchen«).

Diskurs: Wortwechsel, Erörterung.

g'schegn: geschehen.

Suite: (frz.) Gefolge.

Prinzen Ruprecht: Einen Hohenzollernprinzen dieses Namens gab es seinerzeit nicht.

Ah, du kennst diese Brust ... Klärchen und Egmont ... satt trinken!: Verweis auf die situative Parallele im dritten Aufzug von Goethes Trauerspiel. Die voranstehende Regieanweisung ist – auch sprachlich – an die im »Egmont« angelehnt; dort: »Er wirft seinen Mantel ab und steht in einem prächtigen Kleide da.« Egmont fordert Klärchen auf: »Sieh dich nur satt.« – Das szenische Zitat dokumentiert die Rollenflexibilität Hassenreuters: Zitiert er kurz zuvor noch mit theatralischer Pose aus Shakespeares »König Lear«, so ist er nun in die Rolle des jugendlichen Liebhabers geschlüpft.

Carpe diem! Genieße den Tag!: geflügeltes Wort nach Horaz, »Oden« I,11,8.

kleine Naive: Bühnenfach: ein Mädchen von unbefangenem, oft übermütigem Wesen.

Repertoire: (frz.) Spielplan; Bestand einstudierter Theaterstücke oder Bühnenrollen.

Erich Spitta: In den verschiedenen Phasen der Konzeption hat diese Figur den Namen mehrfach gewechselt: Zunächst, im April/Mai 1909, heißt sie »Ehrenfried Spitta«, dann »Dr. Karl Siebenhaar«, später »Dr. Erwin Quidde«, »Georg Quidde« oder schlicht »Quidde«, schließlich ab

Sommer 1910 wie im Drucktext (vgl. Rudolf Ziesche, »Mutter John und ihre Kinder«, S. 236 f.). »Siebenhaar« heißt schon der gütige und menschenfreundliche, aber etwas unbeholfene Hausbesitzer in »Fuhrmann Henschel« (1898). – Bei der Wahl des Namens »Spitta« dürfte Hauptmann an den evangelischen Theologen Karl Johann Philipp Spitta (1801–59) gedacht haben, der als Verfasser geistlicher Lieder bekannt war. Viele seiner Lieder aus »Psalter und Harfe« (1833/43) sind in die evangelischen Gesangbücher übernommen worden. Auch der Name »Quidde« ist kein Phantasieprodukt; vielmehr gab es einen Historiker und politischen Publizisten dieses Namens: Ludwig Quidde (1858–1941), seit den 90er Jahren des 19. Jh.s einer der Führer der deutschen Friedensbewegung, aufgrund seiner – gegen Wilhelm II. gerichteten – Schrift »Caligula. Studie über römischen Cäsarenwahnsinn« (1.–30. Aufl. 1894) 1896 wegen Majestätsbeleidigung zu drei Monaten Haft verurteilt (Friedensnobelpreis 1927). – In den im Sommer 1909 konzipierten Texten hat Hauptmann den rebellischen Schauspielschüler auch politisch eindeutig als Widerpart des national-konservativen Hassenreuter konturiert (s. CA IX,1156–58). Der Rückgriff auf den ursprünglichen Namen im Sommer 1910 steht offensichtlich im Zusammenhang mit der Aufnahme der Figur des Pastors in das Dramenpersonal (s. Kap. III: Dokumente zur Entstehung).

Pferdebahnwagen: auch Pferdeomnibus, ein von Pferden gezogenes Schienenfahrzeug; 1865 in Berlin eingeführt.

englischen Kirche: in der Oranienburger Straße; im Zweiten Weltkrieg schwer beschädigt.

in dieser Gegend ... Westen: Der Berliner Osten, auch der Bezirk um den Alexanderplatz, in dessen Nähe die Kaserne stand, war ein Arbeiterwohngebiet, der Berliner Westen eine vornehme Wohngegend.

natura non facit saltus: (lat.) Die Natur macht keine Sprünge. Die zum geflügelten Wort gewordene Formel umschreibt den bis auf Aristoteles zurückzuverfolgenden Gedanken, daß in der Natur alles durch Übergänge verbunden ist und sich eines aus dem anderen entwickelt (s. die Belege bei Büchmann).

Konnexionen: Beziehungen, fördernde Bekanntschaften.

Raupen in den Kopf gesetzt: Als Berliner Redensart ist belegt: »Er hat Raupen in' Kopp« im Sinne von ›sonderbare Einfälle, Verrücktheiten‹.

Dixi!: (lat.) Ich habe gesprochen!

Schillerisch-Goethisch-Weimarischen Schule der Unnatur: Zielt ab auf Dramengestaltung und Inszenierungsstil der Weimarer Klassik; vgl. die Argumentation Spittas in der Eingangsszene von Akt III sowie die darauf bezogenen Erläuterungen.

Römer: bauchiges Kelchglas.

»Komm herab, o Madonna Teresa!«: Anfang von Pueblos Ständchen aus der Operette »Don Cesar« (I,12) von Rudolf Dellinger (1857–1910); uraufgeführt am 28. März 1885 in Hamburg (wo Hauptmann sich zu dieser Zeit aufhielt).

anathema sit!: (griech./lat.) »Der sei verflucht!« Geflügeltes Wort nach 1. Kor. 16,22 (Vulgata: »sit anathema«).

Koloraturen: Ausschmückung mit einer Reihe umspielender Töne, die jeweils zusammenhängend auf einer Textsilbe ausgeführt werden.

Zweiter Akt

Priem: ein Stück Kautabak.

Altona: Stadt bei Hamburg, 1937 eingemeindet.

kreppte: mundartl. für: ärgerte.

Auszehrung: Lungenschwindsucht.

quarrt: (berlin.) schreit.

Davor ha ick Manschetten: redensartl. für: Davor fürchte ich mich.

marode: mundartl. für: erschöpft, müde.

asthmatische: an Asthma (Atemnot) leidend, kurzatmig. – In den Reden der Frau Hassenreuter wird das »asthmatische« Sprechen durch Punkte, Gedankenstriche und Wiederholungen angedeutet bzw. ›reproduziert‹.

hallweeje: (berlin.) halbwegs, ziemlich.

nach Amerika auswandern: In den Jahren bis 1892 wanderten jährlich durchschnittlich über 100000 Deutsche aus; das bevorzugte Auswanderungsland waren die Vereinigten Staaten. Insbesondere zahlreiche politisch verfolgte Sozialdemokraten flüchteten nach Amerika. Auch der Jenaer Freundeskreis der Brüder Hauptmann trug sich um 1884 mit Auswanderungsplänen (vgl. CA VII,896 f. und 1004; dazu das »Ratten«-Paralipomenon CA IX,1158).

Soxhlet-Kinder-Milchapparat: von dem Agrikulturchemiker Franz von Soxhlet (1848–1926) entwickeltes Gerät zum Sterilisieren der Milch. Der Siedehitze ausgesetzt wurde dabei das auf mehrere Flaschen verteilte Tagesquantum eines Säuglings.

Cholera: Darminfektionskrankheit, häufig mit Todesfolge; 1882–87 Epidemie in weiten Teilen Europas.

Brechdurchfall: Die Kinder- und Säuglingssterblichkeit war in der zweiten Hälfte des 19. Jh.s noch extrem hoch. In den 80er Jahren starb die Hälfte aller in Berlin geborenen Kinder, davon jeder achte Säugling an Brechdurchfall.

in die Scheren ... fallen: redensartl. für: unter Druck gesetzt werden, unter den Einfluß von jemandem geraten.

Parochialkirche: erbaut unter Friedrich I. von 1695–1703; in unmittelbarer Nähe der Kavalleriekaserne (s. die erste Anm. zu Akt I).

Patron: Schutzpatron, Schutzheiliger, aber auch ugs. für ›übler Bursche, Kerl‹.

Bismarckverehrer: Otto von Bismarck war 1871–90 Reichskanzler; seine Politik führte zum Deutsch-Französischen Krieg 1870/71 und zur Gründung des Deutschen Reiches 1871. Darauf spielt Hassenreuter an, wenn er Bismarck im folgenden als *Heros* und *Schmied der deutschen Einheit* apostrophiert.

meine Jenossen ... sind et nich: Zu denken ist hier an die

Bekämpfung der deutschen Sozialdemokratie durch das Bismarcksche Sozialistengesetz (1878–90).

drei Könige ... das Kindlein grüßen: vgl. Mt. 2,1–11.

Ecke Blumen- und Wallnertheaterstraße: Die beiden Straßen mündeten an einem Punkt in die Alexanderstraße, unweit der Voltairestraße.

ein Stern über Ihrem Hause: erneute Anspielung auf die biblische Erzählung Mt. 2,1–11; ebenso bei der wenig später folgenden Erwähnung von *Weihrauch und Myrrhen* durch Hassenreuter.

Semper idem!: (lat.) Immer derselbe! Devise zur Kundgabe von Beständigkeit und Treue; in Berlin besonders populär, da Wahlspruch des dem Kaiser unterstellten 1. Garderegiments.

Heilsarmeeoffizier: Die »Heilsarmee« (»Salvation Army«) ist eine 1878 von dem englischen Methodistenprediger William Booth gegründete, militärähnlich geordnete religiöse Gemeinschaft, die durch Bußpredigt wirkt und karitativ tätig ist.

nutrimentum spiritus: (lat.) Nahrung des Geistes. Der auf ein 1732 erschienenes Buch des Abbé Jean Terrasson zurückgehende lateinische Ausdruck wurde – vor allem in Berlin – zum geflügelten Wort, da er von Friedrich II. zur Inschrift der 1780 vollendeten Königlichen Bibliothek bestimmt wurde.

Equipage: (frz.) elegante Kutsche; hier: der Kinderwagen.

Danziger Joldwasser: süßer klarer Kräuterlikör mit Blattgoldpartikeln, eine Danziger Spezialität.

Wer da hat ... dem wird gegeben: sprichwörtl. nach Mt. 13,12: »Denn wer da hat, dem wird gegeben, daß er die Fülle habe; wer aber nicht hat, von dem wird auch das genommen, was er hat.«

zerjle: (berlin.) ärgere, quäle, streite.

Fundamente lejen ... neue Reichstagsjebäude: Die feierliche Grundsteinlegung für das von Paul Wallot erbaute Reichstagsgebäude erfolgte am 9. Juni 1884 durch Kaiser Wilhelm I.

Janhagel: vorwiegend bezeugt als Spottname hamburgischer Bootsleute; seit dem 17. Jh. hochdeutsch belegt für ›Pöbel, Mob‹.

Die Dame ... Omnibusgaul ... fütterten: Im Bericht Spittas verarbeitet ist ein Tagebucheintrag Hauptmanns vom 30. Oktober 1905: »Eine alte Dame wird überfahren. Das Pferd hält den Huf so lange in die Höhe, bis die alte Dame hervorgezogen ist. Die Menschen schreien Hurra und füttern den Gaul mit Brot, das sie aus einem Bäckerladen in der Nähe holen.« (»Tagebücher 1897 bis 1905«, S. 454.)

jener internationalen guten Gesellschaft: ironische Umschreibung für: Prostituierte, Freudenmädchen.

Schandarmenmarkt: Gendarmenmarkt (heute: Platz der Akademie); im 18. Jh. lagen dort Stallgebäude und Hauptwache des Regiments Gensdarmes.

Man hat eine Witwe Mayer ... Hausvogteiplatz ... geradebrecht: In einer der im Nachlaß erhaltenen Entwurfsfassungen wird auf denselben Vorgang angespielt: »Man soll es sich jejenwärtig halten, daß noch vor kaum fünfzig Jahren, erst im Jahre achtzehnhundertsiebenunddreißig am zweiten März in Berlin auf dem Gartenplatz eine Witwe Meyer von unten herauf geradebrecht worden ist.« (CA IX,1172.) Die Angaben dieser Version entsprechen genau der historischen Realität. – Vgl. »Berlins berühmte und berüchtigte Häuser aus der Vergangenheit und Gegenwart, in historischer, criminalistischer und socialer Beziehung dargestellt von Dr. Bernhard Heßlein«, Bd. 2, Berlin ^{3}1881, S. 2 f. (über das »Radebrechen«): »Das Rad, dessen man sich zu dieser entsetzlichen Hinrichtungsart bediente, war wie ein Wagenrad geformt, jedoch an einem Theil der oberen Fläche mit einem scharfen Eisen- oder Holzkamm versehen. [...] Der Scharfrichter griff in die Speichen und zermalmte mittelst einiger Stöße die Gliedmassen des armen Sünders. War dieser zum Rädern von unten herauf verurtheilt, dann wurde zuerst das linke Bein und der rechte Oberarm, dann der linke Oberarm und das rechte Bein, endlich die Brust mittelst dreier Stöße zermalmt. [...] In vielen Fällen ging jedoch eine dem Publikum nicht sichtbare Erdrosselung vorauf. Die letzte Hinrichtung mit dem Rade fand am 2. März 1837, und zwar von unten herauf, an der Wittwe Meyer wegen Ermordung ihres Ehemanns statt. [Fußnote dazu:] Die Execution wurde auf dem heutigen Gartenplatz, damals noch, wie die ganze Umgebung, eine dürre Sandwüste, vollzogen.«

Hausvogteiplatz: Der Platz hat seinen Namen von der »Hausvogtei«, einem berüchtigten Gefängnis von 1750 bis Ende des 19. Jh.s.

Allons: (frz.) Gehen wir! Vorwärts!

Kalabreser: nach der italienischen Landschaft Kalabrien; spitzer Hut mit seitlich hochstehender Krempe und Feder; bevorzugter Hut der Freiheitskämpfer im 19. Jh.

sogenannten Selbstmörderfriedhof bei Schildhorn: der 1879 angelegte Friedhof Grunewald-Forst unweit des östlichen Havelufers bei Schildhorn.

Halluzinationen: Trugwahrnehmungen, Sinnestäuschungen.

Zichorientunke: Kaffee-Ersatz. »Zichorie«: geröstete und pulverisierte Wurzel einer Wegwartenart.

Scheeneken: (berlin.) gut, schön!

Schmisse: (berlin.) Schläge.

Brickenberch: Brückenberg im Riesengebirge (Niederschlesien). – Frau John ist also »zugewanderte Schlesierin«, wie Mutter Wolffen in »Der Biberpelz« (vgl. CA XI,1157).

Happenpappen: (berlin.) großer Bissen.

liijen: lügen.

jrüne Waachen: Bezeichnung für Gefängniswagen, die in Berlin tatsächlich einen grünen Anstrich hatten; vgl. die auch sonst geläufige Bezeichnung »grüne Minna«.

Plötzensee: Gemeint ist das 1868–78 erbaute Staatsgefängnis nahe dem gleichnamigen See; gehört heute zum (West-) Berliner Bezirk Charlottenburg.

von de Vormundschaft: vom Vormundschaftsgericht, das in Fällen unehelicher Geburt tätig wird.

Dritter Akt

dramatischen Unterricht: Anregungen zur Ausgestaltung der Unterrichtsszene und speziell für die Konzeption des Kunstgesprächs, also der Kontroverse zwischen Hassenreuter und Spitta, erhielt Hauptmann durch die Lektüre eines Aufsatzes von Richard M. Meyer, der ein eindrucksvolles Bild des Weimarer Theaterstils entwirft: »Goethes ›Regeln für Schauspieler‹« (in: »Goethe-Jahrbuch« 81, 1910, S. 117–135). Daß Hauptmann den Originaltext der von Eckermann zusammengestellten und paragraphierten Goetheschen »Regeln« eingesehen hat, erscheint zweifelhaft, obwohl im Dialog darauf Bezug genommen wird.

skandierend … Falzbein: »skandieren:« das Metrum, den Takt markieren. »Falzbein«: ein flacher Stab zum Glattstreichen des Knicks (Falzes) beim Falten von Papier, z. B. von Briefen. – »Das ist ja vollkommen klar und allgemein anerkannt, daß die Erziehung zu dem völlig verlernten Sprechen von Versen den Kern der Weimarischen Schauspielererziehung bildet«, schreibt Meyer im angeführten Aufsatz (S. 120) und führt später dazu aus: »Wie die Dichter selbst pathetisch lasen, so wollen sie auf dem Theater das Pathos der Bühnensprache und durch Übereinstimmung des Tons eine bewußte Idealisierung des Vortrags; deshalb werden förmliche ›Quartettproben‹ gehalten und die Scansion wird mit dem auf und niedergezogenen Arm eingeübt oder mit dem Taktstock dirigiert« (S. 129). – Die Rezeption der klassischen Dramen im 19. Jh. führte zu einer entsprechenden Einstudierungspraxis. Klassiker-Aufführungen waren in den 70er und 80er Jahren häufig geprägt durch pathetisch-rhetorische Deklamation.

Chöre der Braut von Messina: »Es ist kein Zufall, daß die Sprechbeispiele ausnahmslos dem im strengsten idealistisch stilisierten Drama des stilisierenden Idealisten Schiller entnommen sind: der ›Braut von Messina‹«, konstatiert Meyer im angeführten Aufsatz (S. 123) in bezug auf Goethes »Regeln«. Schon Meyers Charakterisierung von Werk und Autor macht deutlich, daß es gleichfalls alles andere als zufällig ist, wenn Hauptmann seinen theatralisch-idealistischen (ehemaligen) Theaterdirektor Deklamationsübungen mit Schillers Chorversen durchführen läßt. In der Einleitung zur »Braut von Messina« erklärt Schiller überdies ausdrücklich, daß es eines der Ziele dieses Trauerspiels sei, »dem Naturalismus in der Kunst offen und ehrlich den Krieg zu erklären«. Als entscheidenden Schritt dazu bezeichnet er die Einführung des Chors, der eine »lebendige Mauer« sein soll, »die die Tragödie um sich herumzieht, um sich von der wirklichen Welt rein abzuschließen und sich ihren idealen Boden, ihre poetische Freiheit zu bewahren« (Ausgabe in: Reclams Universal-Bibliothek, Nr. 60, S. 7).

Ihre Füße ... Schemas ... Felder des Schachbretts einteilt: angeregt durch Meyers Aufsatz (S. 124): »Der Schauspieler ›ist alsdann (wenn er den Theaterboden schachbrettartig einteilt und sich innerhalb der berüchtigten Kreidestriche hält) gewiß, daß er bei leidenschaftlichen Stellen nicht kunstlos hin und wieder stürmt, sondern das Schöne zum Bedeutenden gesellet‹«. Meyer zitiert aus § 87 der Goetheschen »Regeln«; statt der Klammereinfügung steht dort: »[...] so kann der Schauspieler in seinen Gedanken das Theater in verschiedene Räume teilen, welche man zum Versuch auf dem Papier durch rhombische Flächen vorstellen kann. Der Theaterboden wird alsdann eine Art von Damenbrett [...]«.

Vizewirt ... Quaquaro: Der Name begegnet zuvor in Hauptmanns (im Dezember 1909 entstandenen) Aufzeichnungen zu einer in Rom spielenden Komödie; dort für ein Malermodell (s. CA IX,401). – Kurt Tucholsky schrieb 1922 in einer »Quaquaro« überschriebenen Glosse: »Seit Berlin steht, hat noch nie ein Einheimischer solch einen Namen getragen. Den gibt es überhaupt nicht. Es ist ein namensähnliches Geräusch, es ist, wie wenn Der, der den Namen ersonnen hat, nur noch ein paar Buchstaben, ein Gebrummel übrig hatte, das abfiel für Den da. [...] Eine sogenannte Charge. Aber weil dieses Land von Quaquaros wimmelt – von jenen ekelhaften Zwischenstufen zwischen Herr und Diener, zwischen Gefängnisdirektoren und Injespunnten, weil es wimmelt von Feldwebeln, Unteroffizieren, Portiers, Gendarmen, schnauzenden Wohnungsbamten, Krimmenalwachtmeistern, kurz: von Quaquaros –; deshalb ist er ein Exponent seines ganzen Landes und seiner ganzen Zeit.« (»Die Weltbühne« 18, 1922, Hj. 1, S. 489 f.)

guttural: kehlig; als »Guttural« bezeichnet die Sprachwissenschaft den Kehllaut.

Dich begrüß' ich ... Tief in der Scheide ...: Erster Chor in Schillers »Die Braut von Messina« I,3.

Erinnyen: Rachgöttinnen im griechischen Mythos.

statuarische: standbildhafte.

Virchow: Rudolf V. (1821–1902), der berühmte Berliner Pathologe, der sich auch sozialpolitisch betätigte.

Plumeau: (frz.) Federdeckbett.

prähistorisch: vorgeschichtlich; hier: uralt.

eine unaussprechliche Scherbe: ein Nachtgeschirr?

Schneidemühl: Stadt in der damaligen preußischen Provinz Posen.

Seide schmeckt süß: von Hauptmann Ende Januar 1898 notiert (»Tagebücher 1897 bis 1905«, S. 210).

Schnittwarenladenphantasien: »Schnittwaren« sind Stoffe, die in der vom Käufer gewünschten Länge von der Stoffrolle abgeschnitten werden.

Ihre Gespenstergeschichten ... vom Kavalleristen Sorgenfrei: Am 16. Dezember 1905, also Jahre vor Niederschrift der »Ratten«, hielt Hauptmann im Tagebuch fest: »Der Soldat ›Sorgenfrei‹ hat sich erschossen.« (»Tagebücher 1897 bis 1905«, S. 459.)

Dunstkiepe: (berlin.) Dummkopf.

aus Feez: (berlin.) aus Spaß, im Scherz.

Dämlack: (berlin.) Dummkopf.

rezitiert nur sinngemäß und ohne Pathos: Spitta befleißigt sich des natürlichen Sprechtons, den die Naturalisten forderten und den der Sprachstil ihrer Dramen erzwang. Die entsprechende Rezitation Schillerscher Dramenverse erinnert an den Versuch Otto Brahms, des ersten Leiters der »Freien Bühne«, den naturalistischen Darstellungs- und Inszenierungsstil auch auf die Klassiker zu übertragen. Brahm eröffnete seine Direktorenzeit am Deutschen Theater Berlin am 1. September 1894 mit einer Inszenierung von Schillers »Kabale und Liebe«, bei der Rudolf Rittner als Ferdinand Walter das Schillersche Pathos konsequent vermied. Auf dieses Regieexperiment, dem ein eklatanter Mißerfolg beschieden war, bezieht sich auch Meyer im angeführten Aufsatz und bezeichnet das Transponieren des Ferdinand »in den Ton des modernen Naturalismus« als »unerträglich« (S. 123). Vgl. auch CA XI,536.

Zürnend ergrimmt ... Gottesfriede: zweiter Chor in der »Braut von Messina« I,3.

Haupt der Medusen: »Medusen« ist Genitiv von Meduse/Medusa; in der griechischen Sage ein weibliches Ungeheuer mit Schlangenhaaren, dessen Anblick den Menschen zu Stein erstarren ließ. Mit dem (abgeschlagenen) Haupt der Medusa versteinerte Perseus seine Gegner. Im Aufsatz »Deutschland und Shakespeare« (1915) erläutert Hauptmann: »Über dem Theater zu Athen ist das Haupt der Medusa am Felsen der Akropolis angebracht: wer es ansieht, verfällt dem Wahnsinn, außer er habe die Weihen des großen Tragikers. Aber auch sein Beruf ist ein Leiden und bleibt ein Sichwehren wider das Tragische.« (CA VI,928.) – Vgl. die in Kap. II abgedruckten Varianten des Regiebuchs und des Zensurexemplars (»wir haben das Haupt der Gorgo gesehn«, S. 58, 60).

Eumenide: griechische Rachegöttin.

Gottesfriede: im Mittelalter das von der Kirche angeordnete völlige Ruhen aller Fehden während einer bestimmten Frist (mlat. »treuga Dei«).

Rhetorische: ›Redekünstlerische‹ oder, abwertend: ›Schönrednerische, Phrasenhafte‹.

sonoren: klangvollen, volltönenden.

Bombast: abschätzig im Sinne von ›Redeschwulst, Wortschwall‹.
divergieren: gehen auseinander; sind verschieden, entgegengesetzt.
Monogramm: Namenszeichen; Figur aus Buchstaben oder Zeichen als Ausdruck für Namen oder Titel.
pueriles: kindliches, kindisches.
Paraphrase: Umschreibung.
Willens zum Blödsinn: vermutlich scherzhaft-ironisch anspielend auf Friedrich Nietzsches Philosophie des »Willens zur Macht«.
Sie leugnen die Handlung im Drama: Was der auf Drama und Dramaturgie der Klassik eingeschworene Hassenreuter hier attackiert, sind Positionen des Naturalismus, wie sie auch Hauptmann selbst vertreten hat. – »Sie finden in keinem Trauerspiel Handlung, als wo der Liebhaber zu Füßen fällt ... Es hat ihnen nie beifallen wollen, daß auch jeder innere Kampf von Leidenschaften, jede Folge von verschiedenen Gedanken, wo eine die andere aufhebt, eine Handlung sei«. Das ist der erste Teil des Zitats aus Lessings Abhandlung »Vom Wesen der Fabel«, das Hauptmann seinem »Friedensfest« (1890) als Motto voranstellte. Im selben Jahr notierte er: »Das Neue im Drama ist die Ersetzung der äußeren Handlung durch den inneren Konflikt« (»Notiz-Kalender 1889–1891«, S. 241). Eine weitere, nicht datierbare Aufzeichnung lautet: »Was man der Handlung gibt, nimmt man den Charakteren« (CA VI,1043; vgl. ebd. S. 1041 sowie CA XI,813).
Wie Hauptmann distanzieren sich auch andere Naturalisten vom aktionsbetonten ›Handlungsdrama‹ und kehren in Theorie und dichterischer Praxis das auf Aristoteles zurückgehende Dogma vom Vorrang der ›Handlung‹ vor den ›Charakteren‹ um, so 1892 Max Halbe, unter Berufung auf J. M. R. Lenz' »Anmerkungen übers Theater« (1774), und in seiner Verteidigungsschrift »Pro domo« (1897) Arno Holz, der im Primat der Charakterdarstellung das »Fundamentalgesetz alles Dramatischen« sieht: »die Menschen

auf der Bühne sind nicht der Handlung wegen da, sondern die Handlung der Menschen auf der Bühne wegen. Sie ist nicht der Zweck, sondern nur das Mittel. Nicht das Primäre, sondern das Sekundäre. Mit anderen Worten: nicht die Handlung ist also das Gesetz des Theaters, sondern Darstellung von Charakteren.« (»Die neue Wortkunst«, Das Werk von Arno Holz, Bd. 10, Berlin 1925, S. 224 f.)

Akzidens: (lat.) das Zufällige, einem Gegenstand nicht notwendig Zukommende.

Gründlinge: Gemeint sind in künstlerischen Dingen nicht urteilsfähige Menschen; nach Shakespeares »groundlings« (»Hamlet« III,2), das sind die im »ground«, auf den billigsten Plätzen, sitzenden Zuschauer (in Schlegels Übersetzung: »Gründlinge im Parterre«).

Sie negieren die poetische Gerechtigkeit, Schuld und Sühne: Diese Vorhaltung mußte sich Hauptmann selbst machen lassen nach Veröffentlichung seiner naturalistischen Komödie »Der Biberpelz« (1893), in der ein zeitgenössischer Kritiker eines der seltenen Beispiele dafür sah, »daß ein wirklicher Dichter der poetischen Gerechtigkeit völlig glaubt entbehren zu können«. Das auch sonst häufig artikulierte Unbehagen über den Komödienschluß – die Diebin Wolff bleibt unentdeckt und ungestraft – kleidete der Hauptmann-Förderer Paul Schlenther in das Postulat: »Sie war von je ein Bösewicht, drum treff' sie, wenn schon nicht Wehrhahns, so doch Gottes Strafgericht.« (Vgl. »Erläuterungen und Dokumente« zu »Der Biberpelz«, Reclams Universal-Bibliothek, Nr. 8141, S. 86 f.) – »Poetische Gerechtigkeit«, »Schuld und Sühne« und »sittliche Weltordnung« – Begriffe und Kategorien der dramentheoretischen Diskussion des 18. und 19. Jh.s – werden generell fragwürdig für eine Dichtung, die sich auf Wirklichkeitstreue als oberstes Prinzip verpflichtet und die den Menschen nicht als ›selbstmächtigen Helden‹ sieht und gestaltet, sondern als ein in seiner Handlungsfreiheit beschränktes, vielfach determiniertes Wesen im ›Kampf ums Dasein‹. – Zu den verschiedenen Auffassungen des Begriffs ›poetische Gerechtigkeit‹ s. Paul Böckmann, »Die deutsche Tragödie von Lessing bis Hebbel«, Hamburg ^{6}1964, S. 11. Vgl. auch: Gustav Freytag, »Die Technik des Dramas«, Leipzig ^{2}1872, S. 74 f.; Roy C. Cowen, »Der Naturalismus. Kommentar zu einer Epoche«, München 1973, S. 27.

Höhen der Menschheit: sprichwörtl. nach Schillers Tragödie »Die Jungfrau von Orleans« (I,2; V. 485 f.): »Drum soll der Sänger mit dem König gehen, / Sie beide wohnen auf der Menschheit Höhen!« – Angeregt ist die Formulierung hier jedoch offensichtlich durch Hauptmanns – für 1909 belegte – Beschäftigung mit Gustav Freytags Lehrbuch »Die Technik des Dramas« (1863), für das die Griechen, Shakespeare sowie Goethe und Schiller die Exempel bilden. Im Kapitel »Wichtigkeit und Größe der Handlung« konnte Hauptmann lesen: Der Held »hat sich in wichtigen Beziehungen seiner Umgebung als überlegen darzustellen und seine Umgebung muß so beschaffen sein, daß dem Hörer an ihr ein allgemeines und hohes Interesse leicht wird. Es ist daher kein Zufall, daß eine Handlung, welche in vergangene Zeiten zurückgeht, immer die Kreise aufsucht, in denen das wichtigste und größte Leben der Zeit enthalten war, die großen Angelegenheiten eines Volkes, das Leben seiner Führer und Beherrscher, diejenigen Höhen der Menschheit, welche nicht nur einen kräftigen geistigen Inhalt, sondern auch eine bedeutende Willenskraft entwickelten.« (Leipzig ^{2}1872, S. 55.)

ein Barbier: vermutlich Hindeutung auf den Titelhelden von Büchners »Woyzeck«. Hauptmann schätzte Büchner überaus und wurde durch ihn beeinflußt; am 17. Juni 1887 hielt er im Berliner literarischen Verein »Durch!« einen Vortrag über das »Kraftgenie Büchner«.

Mulackstraße: im Rosenthaler Viertel nördlich des Alexanderplatzes, wo Hauptmann 1884/85 wohnte.

Lady Macbeth und König Lear: Protagonisten Shakespearescher Tragödien.

Vor der Kunst … alle Menschen gleich: Hauptmann legt hier

Spitta in den Mund, was er am 20. Oktober 1898 wörtlich im Tagebuch festgehalten hat; dort mit dem Zusatz: »Notiz aus einem alten Manuskript von mir.« (»Tagebücher 1897 bis 1905«, S. 225; vgl. auch CA XI,768.) – Die Maxime gibt eine Grundüberzeugung der naturalistischen Schriftsteller wieder. Einer ihrer Wortführer, Conrad Alberti, forderte 1889 im neunten seiner »Zwölf Artikel des Realismus«: »Die moderne Kunst sei demokratisch [. . .] in dem höheren, allgemein-menschlichen Sinne, daß es vor ihr wie vor dem Gesetz keine Standesunterschiede giebt, daß vor ihrer Theorie alle Menschen gleich sind und der Kaiser so viel gilt wie der Proletarier. Nicht dadurch adelt der Künstler sein Werk, daß er nur Könige und Fürsten zu Helden seiner Darstellungen macht, sondern durch die Tiefe seiner Gedanken, die Vollendung seiner Behandlung. Im Proletarier lebt dieselbe Leidenschaft, verkörpert sich dasselbe Menschentum, dasselbe Naturgesetz so gut wie im Fürsten und in derselben Stärke, nur daß er sich in anderen, doch künstlerisch gleichstehenden Formen ausdrückt.« (in: »Die Gesellschaft« 5, 1889, H. 1, S. 6.)

Gustav Freytag: siehe S. 31, Anm. zu *Höhen der Menschheit.* – Während die Naturalisten (hier: Spitta) die Tragik- und Tragödienfähigkeit der ›kleinen Leute‹ proklamieren, wird diese von Freytag ausdrücklich negiert. Da »die Wichtigkeit und Größe des Kampfes nur dadurch eindringlich gemacht werden kann, daß der Held die Fähigkeit besitzt, sein Inneres in imponirender Weise mit einer gewissen Reichlichkeit der Worte auszudrücken«, sind Vertreter der unteren »Klassen der Gesellschaft«, speziell Angehörige der in sozialer Bedrängnis lebenden Unterschicht, »zu Helden des Dramas nicht verwendbar« (S. 56 f.). Die Zitate entstammen dem Kapitel »Wichtigkeit und Größe der Handlung«, das mit der Feststellung schließt (S. 57): »die Muse der Kunst ist keine barmherzige Schwester.« In seinem Exemplar von Freytags »Technik des Dramas« hat Hauptmann »keine« durch »eine« ersetzt, am Rand notiert: »Immer überall muß sie es sein.« (Nach:

Sprengel, »Die Wirklichkeit der Mythen«, S. 102; dort Datierung auf 1909.)

keinesfalls mit Lessing und Diderot im Gegensatz: Lessing schuf mit »Miß Sara Sampson« (1755) das erste bedeutende Exempel des ›bürgerlichen Trauerspiels‹ in Deutschland. Damit war dem Dritten Stand tragische Würde zuerkannt, die berühmt-berüchtigte ›Ständeklausel‹ aufgehoben (oder zumindest relativiert). Im 14. Stück der »Hamburgischen Dramaturgie« führt Lessing aus: »Das Unglück derjenigen, deren Umstände den unsrigen am nächsten kommen, muß natürlicherweise am tiefsten in unsere Seele dringen; und wenn wir mit Königen Mitleiden haben, so haben wir es mit ihnen als mit Menschen, und nicht als mit Königen.« Auf dieses für die theoretische Rechtfertigung und Fundierung des bürgerlichen Trauerspiels zentrale Stück der »Hamburgischen Dramaturgie« nimmt Hauptmann Bezug in undatierten Aufzeichnungen, in denen er eine Qualifizierung naturalistischer Dichtung als »Armeleutekunst« zurückweist und sich über Worte wie »Niederungen des Lebens! Alltägliche Misere! Arme-Leute-Geruch« mokiert (»Theorie des Naturalismus«, hrsg. von Theo Meyer, Stuttgart 1973 [u. ö.], Reclams Universal-Bibliothek, Nr. 9475 [4], S. 287). 1928 charakterisierte Hauptmann »das Drama Lessings« als zwar »nur bürgerlich und darum nicht eigentlich volkstümlich«; »aber«, so fügte er hinzu, »es stand der Volkstümlichkeit nahe durch sein Bekenntnis zur schlichten Natur« (CA VI,789).

Die Anspielung auf Denis Diderot (1713–84), den einflußreichen französischen Aufklärungsschriftsteller, ist in einer früheren Niederschrift der Unterrichtsszene konkreter. Dort erklärt Dr. Quidde (später: Spitta): »Ich will nur sagen, dass Ihr Gotthold Ephraim Lessing mir keinesfalls der Löwe von Kuma sondern vielmehr der Gewährsmann meiner angeblich umstürzlerischen Meinungen ist. Er hat zu nutzen frommen der deutschen Kunst bereits anno siebzehnhundertsechzig das Theater des Herrn Diderot Deutsch herausgegeben worin er die Wohlanständigkeit

eine Feindin des Genies und aller grossen Wirkungen nennt. [...] Ich trage das Büchelchen stets in der Rocktasche! – (Er zieht das Büchelchen hervor und überreicht es Hassenreuter.) – Es dient mir, seit ich mich in den Propyläen des deutschen Theaters befinde, als Laienbrevier. Es sind alle Maximen darin vereinigt denen unsere grosse Literaturepoche eben ihre Grösse verdankt und die wir leider vergessen haben. Zum Beispiel werden darin auch Kunst und Volk und Volk und Kunst wieder in eine wurzelhafte Verbindung gebracht... [...] das Büchelchen sollte doch wenigstens jeder mit sich herumschleppen der sich in Sachen Zimperlichkeit und Unnatur auf unsere Heroen berufen will.« (Staatsbibliothek Preußischer Kulturbesitz, Berlin, Manuskriptnachlaß Gerhart Hauptmann, GH Hs 403, 123–124; in der Handschrift der Sekretärin Edith Cox. Ausgelassen sind kurze Zwischenbemerkungen Hassenreuters.)
Lessings Übersetzung – »Das Theater des Herrn Diderot. Aus dem Französischen« – erschien zuerst 1760 anonym; die zweite, leicht überarbeitete Auflage von 1781 trug seinen Namen. In der angeführten Passage des Manuskripts wird direkt Bezug genommen auf die zweite der »Unterredungen«, die Diderot dem Drama »Der natürliche Sohn« beigegeben hat (s. in der durch Klaus-Detlef Müller besorgten Neuausgabe in Reclams Universal-Bibliothek 8283 [4], Stuttgart 1986, S. 125: »Wohlanständigkeit, diese Feindin des Genies [...]«). Eine zwei Seiten voraufgehende Stelle der »Zweiten Unterredung« – gleichfalls über die »Wohlanständigkeit« – zitiert Hauptmann in einem vom 16. Dezember 1943 datierenden Tagebucheintrag, in dem er feststellt, Lessing habe Diderot übersetzt, »um das deutsche Theater gesund zu machen« (Gerhart Hauptmann, »Die Kunst des Dramas«, hrsg. von Martin Machatzke, Berlin 1963, S. 219).
Spittas Argumentation im Drucktext findet ihre Stütze vor allem in der »Dritten Unterredung«, in der Diderot gattungspoetische Fragen diskutiert und der ›ernsten Komö-

die‹ und dem ›bürgerlichen Trauerspiel‹ ihren Platz zuweist. Eine der im theoretischen Begründungszusammenhang – insbesondere hinsichtlich der Tragikfähigkeit der Stände – zentralen Aussagen lautet: »Man sagt manchmal, es hat sich bei Hofe ein sehr lustiges Abenteuer, es hat sich in der Stadt eine sehr tragische Begebenheit ereignet. Hieraus folgt also, daß die Komödie und Tragödie für alle Stände gehöret; nur mit diesem Unterschiede, daß Schmerz und Tränen weit öfter unter den Dächern der Untertanen als Munterkeit und Freude in den Palästen der Könige wohnen. Was ein Stück komisch, ernsthaft oder tragisch macht, ist nicht sowohl der Inhalt als der Ton, als die Leidenschaften, die Charaktere, das Interesse.« (»Das Theater des Herrn Diderot«, S. 146.)

der gestelzte französische Pseudoklassizismus: Die abschätzige Bemerkung zielt auf die extremen Stilisierungstendenzen und die starre Regelhaftigkeit der hohen Tragödie par excellence, der (von Diderot und Lessing bekämpften) ›tragédie classique‹ – sowie deren Rezeption und Adaption in Deutschland.

in den ... späteren Goetheschen Schauspielervorschriften: vgl. die erste Anm. zu Akt III, S. 25. – Der Einfluß des französischen Theaters auf die »Regeln für Schauspieler« ist ein gesichertes Faktum. Am 16. September 1799 empfing Goethe einen Brief Wilhelm von Humboldts aus Paris, der einen umfangreichen Bericht über die Darstellungskunst auf der französischen Bühne enthielt. »Die epochale Bedeutung des Humboldtschen Briefs liegt darin, daß Goethe seine Schauspieler von nun an nach den Regeln der französischen Schauspielkunst schulte, sie zu rhythmischer Deklamation, theatralischer Rezitation, zu edler Haltung und gesellschaftlichem Anstand erzog. [...] Man kann sich nach den ›Regeln für Schauspieler‹ ein Bild des Weimarer Theaterstils machen. [...] Der Wille zur Überwindung des unästhetischen Naturalismus und damit zur Wahrung der Würde des Theaters liegt all diesen Regeln zugrunde.« (Fritz Strich, »Einführung« zu: Johann Wolfgang Goethe,

»Gedenkausgabe der Werke, Briefe und Gespräche«, hrsg. von Ernst Beutler, Bd. 14, Zürich 1950, S. 1014 f.)

den jungen Schiller, den jungen Goethe: Mit ihren frühen Dramen (in Prosa!) waren Goethe und Schiller herausragende Repräsentanten des Sturm und Drang, auf den sich die frühnaturalistischen Autoren häufig beriefen, weil sie vor allem in der Dramenproduktion der Sturm-und-Drang-Dichter eigene Intentionen und Gestaltungsprinzipien zumindest tendenziell vorgeprägt sahen.

Götz: »Götz von Berlichingen mit der eisernen Hand« (1773).

dekretiert: anordnet, verfügt.

jede spielende Person ... erinnert werde: Es handelt sich zwar – bis auf die Konjunktive »müsse« und »werde« – um ein wörtliches Zitat, aber nicht aus Goethes »Regeln für Schauspieler«, sondern aus einer Schrift des (ein Jahr am Weimarer Theater engagierten, 1807 entlassenen) Schauspielers Karl Reinhold, die dieser nach Leipziger Gastspielen der Weimarschen Theater-Gesellschaft in der Absicht veröffentlichte, den Weimarer Bühnenstil und Goethes diesbezügliche Bestrebungen der Lächerlichkeit preiszugeben: »Saat von Goethe gesäet, am Tage der Garben zu reifen. Ein Handbuch für Aesthetiker und junge Schauspieler«, Leipzig 1808 (vgl. dazu: Heinrich Laube, »Das Norddeutsche Theater«, Leipzig 1872, S. 68–76).
Zugekommen ist Hauptmann der Satz aus Reinholds »Zweiter Regel« durch den Aufsatz von Richard M. Meyer, in dem die Herkunft des Zitats ein wenig (zu) beiläufig nachgewiesen ist (S. 131 f.). – Im September 1942 äußerte Hauptmann gegenüber Behl: »Wie ich zu Goethes Schauspieler-Regeln stehe, kann man aus meinen ›Ratten‹ entnehmen« (C. F. W. Behl, »Zwiesprache mit Gerhart Hauptmann. Tagebuchblätter«, München 1949, S. 119). Diese Bemerkung deutet darauf hin, daß Hauptmann sein offensichtlicher Irrtum bei der Zuweisung des Zitats, zumindest bis zu diesem Zeitpunkt, nicht bewußt geworden war, obwohl Hans Knudsen schon am 20. August 1922 in

der »Vossischen Zeitung« (Nr. 393) darauf aufmerksam gemacht hatte (»Gerhart Hauptmann und Goethe. Eine kleine Anmerkung«).

Aristoteles: griechischer Philosoph (384–322/321 v. Chr.); hier berufen als Verfasser der »Poetik«, die jahrhundertelang insbesondere die Diskussion um die Tragödie beherrschte.

Nachtwächter: redensartl. für: geistesabwesender Träumer; häufig auch als Schelte für untaugliche Schüler, Lehrlinge.

Sie sind eine Ratte!: vgl. die Anm. zum Titel, S. 5f.

Ratten ... auf dem Gebiete der Politik ... unterminieren: Dieses Verdikt des Bismarck-Verehrers zielt auf die Bestrebungen der Sozialdemokratie, der die meisten naturalistischen Schriftsteller nahestanden – zumindest bis zum Auslaufen des Sozialistengesetzes 1890. – *unterminieren:* unterwühlen, untergraben. – Vgl. Anm. zum Titel.

Idealismus: geistig-philosophische Grundlage der Literatur der deutschen Klassik und Romantik (und des epigonalen Klassizismus der Gründerzeit). Im Sitzungsprotokoll des Berliner literarischen Vereins »Durch!« vom 22. April 1887 findet sich folgende Definition: »Idealismus ist eine Richtung der künstlerischen Phantasie, welche die Natur nicht, wie sie ist, darstellt, sondern wie sie irgend einem Ideal gemäß sein sollte; (Anstandsideale der alten Griechen, des höfischen Rittertums, des modernen Salons).« (Zit. nach: »Literarische Manifeste des Naturalismus 1880 bis 1892«, hrsg. von Erich Ruprecht, Stuttgart 1962, S. 143.)

In den Staub ... mit euch: Vermutlich adaptiert der monarchietreue, von Kaiser Wilhelm I. protegierte Hassenreuter hier den Schlußvers von Kleists »Prinz Friedrich von Homburg«: »In Staub mit allen Feinden Brandenburgs!«

Da kommt Ihre tragische Muse ... zur tragischen Heldin ungeeignet: Die neun Musen der griechischen Mythologie sind Göttinnen der Künste und des Wissens, der Erinnerung; die Muse der Tragödie ist Melpomene. Die Dichter werden von den Musen inspiriert. – In der oben

schon zitierten frühen Niederschrift der Unterrichtsszene (S. 33 f.) lautet die entsprechende Aussage Hassenreuters: »das ereignisarme Leben einer meinethalben sonst ehrenwerten anspruchslosen Frau aus dem Volke wird sich niemals zur feierlichen Würde der Tragik und zur Erhabenheit eines tragischen Charakters steigern lassen.« Quidde (später: Spitta) erwidert: »Das würde heissen, dass die Tragik an den Schneider gebunden ist« (GH Hs 403, 133).
Durch den weiteren Verlauf der Ereignisse wird Hassenreuter zu der hier von ihm angefochtenen Auffassung Spittas bekehrt; in der Schlußszene des fünften Akts konstatiert er: »Die Tragik ist nicht an Stände gebunden.«

unter den Bleidächern: scherzhaft-ironische Anspielung auf das berüchtigte Staatsgefängnis in Venedig, die ›Bleikammern‹ (1797 zerstört) unter dem Bleidach des Dogenpalastes.

eene Schraube los: redensartl. für: im Kopf nicht alles in Ordnung, nicht ganz zurechnungsfähig.

eene Blase: im Sinne von ›Bande, Pack‹.

»Deutschland ... über alles«: »Das Lied der Deutschen« (1841) von Hoffmann von Fallersleben, dem dieser die Melodie von Haydns Kaiserhymne von 1797 unterlegte. Erst seit 1922 offizielle Hymne des Deutschen Reichs, aber auch schon vorher – vor allem innerhalb der studentischen Jugend – recht populär.

»Wer hat dich, du schöner Wald«: »Der Jäger Abschied« von Joseph von Eichendorff; das Gedicht, 1837 zuerst publiziert, wurde berühmt durch Felix Mendelssohn-Bartholdys Vertonung.

»In einem kühlen Grunde«: gleichfalls von Eichendorff; im Erstdruck (1813) überschrieben »Lied«, in Eichendorffs »Gedichten« (1837) mit dem Titel »Das zerbrochene Ringlein«. Schon zu Lebzeiten des Dichters so populär, daß es für ein Volkslied gehalten wurde.

singen so jut wie de blaue Zwiebel: Auf diese Textstelle bezieht sich möglicherweise Ferdinand Matras in einer zeitgenössischen Besprechung: »überhaupt hat Hauptmann sich nicht gescheut, in der Wirklichkeit unseres Alltags bekannte Namen und ›Lokales‹ zu verwenden, so unter anderm die zu einem Gesangverein zusammengeschlossenen Plattenbrüder« (»Neuere Dramen. II«, in: »Deutsche Arbeit« [Prag] 11, 1911/12, H. 2, S. 115). Näheres nicht ermittelt.

Wo man singt . . . jeruhig nieder: nach der ersten Strophe eines 1804 von Johann Gottfried Seume veröffentlichten Gedichts (»Die Gesänge«), dessen erster und vierter Vers im Volksmund umgewandelt worden ist in: »Wo man singt, da laß dich ruhig nieder; / Böse Menschen haben keine Lieder.«

Kaution: Sicherheitsleistung in Form einer Geldzahlung, z. B. beim Mieten einer Wohnung.

Preußisch-Kurant: von frz. »courant« ›umlaufend‹; bei Kurantgeld enspricht der Nennwert dem Materialwert der Münze; in Preußen: der Silbertaler.

Ultimo: (lat.) am letzten; Monatsende; der Fälligkeitstermin, hier der Mietzahlungen.

Militärfiskus: die Militärkasse (als Eigentümer der ehemaligen Kaserne).

in den Rauchfang schreiben: sprichwörtl. Redensart für: als verloren betrachten.

Hangen und Bangen: Diese Zwillingsformel ist eigentlich ein verballhorntes Zitat aus Klärchens Lied in Goethes »Egmont« (III,2): »Freudvoll / Und leidvoll / Gedankenvoll sein; / Langen / Und bangen / In schwebender Pein«. – »Langen« hat hier die Bedeutung von ›sich sehnen‹, ›verlangen‹.

kontraktlich: vertraglich.

Pastor Spitta . . . Luthergesicht: In Martin Luther sah Hauptmann den »Vorkämpfer geistiger Freiheit«, und er wußte auch die historische Leistung der Bibelübersetzung richtig einzuschätzen. – Pastor Spitta mag Luther physiognomisch gleichen, aber er ist gezeichnet als Moralapostel und kleinbürgerlicher Spießer, als Repräsentant lebensfremder Kirchenfrömmigkeit. Vorläufer Spittas in Hauptmanns

Werk sind die Pastoren Kittelhaus in den »Webern« und Kollin in »Einsame Menschen« sowie insbesondere der Hauptpastor Klein in dem Dramenfragment »Mutterschaft« (s. Kap. III: Dokumente zur Entstehung, S. 74).

Uckermark: der nördlichste Teil der Mark Brandenburg.

Zeughaus: eines der bedeutendsten Bauwerke Berlins, in der Prachtstraße Unter den Linden. 1695–1706 als Waffenarsenal für die damalige Festung Berlin errichtet. Auf Veranlassung Kaiser Wilhelms I. umgebaut und als Armeemuseum und Ruhmeshalle eingerichtet – mit Waffen- und Trophäensammlungen, Schlachtengemälden, Heerführer-Standbildern, die das Andenken an die dynastischen Kriege der Hohenzollern wachhalten sollten. (Heute: Museum für deutsche Geschichte.)

Sodom: biblische Stadt am Toten Meer, als Stätte der Sünde und Lasterhaftigkeit von Gott vernichtet (s. 1. Mose 19). Vgl. etwa die Titelmetapher des in Berlin spielenden Stücks von Hermann Sudermann: »Sodoms Ende« (1891).

honny soit qui mal y pense: (frz.) »Ehrlos sei, wer Schlechtes dabei denkt.« Devise des englischen Hosenbandordens; danach sprichwörtlich.

Lutherfestspiel in Merseburg: Erdmannsdörffer teilt mit: »Dr. Hans Herrig hatte anläßlich des 400jährigen Geburtstages Martin Luthers [10. November 1483] ein Volksfestspiel verfaßt, das unter Leitung von Alexander Heßler, der den Luther selbst spielte, zum erstenmal in Berlin in der Philharmonie aufgeführt wurde und von da aus seinen Siegeslauf durch das ganze Deutsche Reich antrat.« (Siehe den in der Anm. zu *Der Direktor … durchaus feurig*, S. 14 f., angegebenen Aufsatz, S. 464.)

Kulturkämpfer: Die ab 1871 ausgetragene Auseinandersetzung zwischen dem preußischen Staat und der katholischen Kirche nannte Rudolf Virchow 1873 in einem Wahlaufruf der Fortschrittspartei »Kulturkampf«. Er forderte die anderen liberalen Parteien dazu auf, die Regierung (Bismarck) in diesem »Kampf für die Kultur« zu unterstützen.

weltbedeutenden Bretter: »Die Bretter, die die Welt bedeuten«, als Umschreibung für die Theaterbühne, sind sprichwörtlich nach der letzten Strophe von Schillers Lied »An die Freunde« (1803). Die hier vorliegende witzig-scherzhafte Variation ist auch sonst belegt, etwa in Julius Hillebrands Aufsatz »Naturalismus schlechtweg« (»Die Gesellschaft«, 1886).

Nagelprobe: eigentlich ein Trinkerbrauch, mit dem bewiesen wird, daß nichts mehr im Trinkgefäß ist (nicht einmal mehr, um den Fingernagel zu befeuchten). Im übertragenen Sinn: praktischer Beweis.

einen Stein um den Hals ... am tiefsten ist: Anspielung auf Mt. 18,6: »Wer aber ärgert dieser Geringsten einen, die an mich glauben, dem wäre besser, daß ein Mühlstein an seinen Hals gehängt und er ersäuft würde im Meer, da es am tiefsten ist.«

die sogenannte wissenschaftliche Theologie: Zu denken ist hier vor allem an Ernest Renan (1823–92), der positivistische Wissenschaft und Christentum zu vereinigen suchte, sowie David Friedrich Strauß (1808–74). Beide nennt Hauptmann auch in der (über die Jahre ab 1889 berichtenden) autobiographischen Schrift »Zweites Vierteljahrhundert«: »Man schrieb damals Schriften über das Jesus-Problem. Renan war noch am Leben, David Friedrich Strauß erst ungefähr fünfzehn Jahre tot, aber in seinem Schaffen lebendig. Sein ›Leben Jesu‹ und sein Buch ›Der alte und der neue Glaube‹ ging in uns ein.« (CA XI,493.) Die letztgenannte Schrift, 1872 erschienen (ein Exemplar der 6. Aufl., Bonn 1873, befindet sich in Hauptmanns nachgelassener Bibliothek), setzte der christlichen eine evolutionistische Weltanschauung entgegen; und in »Das Leben Jesu« erklärt Strauß die Evangelienberichte als unbewußte Mythenbildung in den urchristlichen Gemeinden, als mythische Einkleidung philosophischer Urweisheiten.

Passage zwischen Linden und Friedrichstraße: die 1873 am Geburtstag des Kaisers eröffnete »Kaiser-Passage«, die von Unter den Linden zur Friedrich- / Ecke Behrenstraße führte. »Besonderen Zulauf fand das Passage-Panoptikum, wo

[...] in trauter Nachbarschaft mit der naturgetreu nachgebildeten kaiserlichen Familie die Wachsfigur irgendeines Raubmörders angenehmes Gruseln erregte.« In der »Passage« patroullierte abends und nachts »zwielichtiges Gesindel neben den Herren der Gesellschaft« (Annemarie Lange, »Berlin zur Zeit Bebels und Bismarcks«, Berlin 1972, S. 235 und 721).

Nuditäten: hier: Abbildungen nackter Körper.

Korso: Umzug, breite Straße für Umzüge. Gemeint sein dürfte hier die Prachtstraße Unter den Linden.

Menschheitsintermezzo: Zwischenspiel; unbedeutende Episode im weltgeschichtlichen Prozeß.

nicht der erste Pastorensohn – Lessing, Herder: Diese Angabe stimmt für Lessing, nicht jedoch für Johann Gottfried Herder. Dessen Vater brachte es lediglich zum kärglich besoldeten Elementarlehrer an der Mädchenschule im ostpreußischen Städtchen Mohrungen, wo er gleichzeitig das Amt des Glöckners und Kantors versah.

seine nächstälteste Schwester unsere schwerste Prüfung: vgl. die Hinweise des jungen Spitta im Gespräch mit Walburga gegen Ende des zweiten Akts.

obskure: zwielichtige, von zweifelhafter Herkunft.

Sprengel: Amtsgebiet eines Pfarrers.

Neandertaler: vorgeschichtlicher Mensch, nach dem Fundort Neandertal bei Düsseldorf. Hier abschätzig, als Schimpfwort.

in Gasse und Gosse geendigt: »Gasse« zielt ab auf eine Existenz als Prostituierte; »Gosse« ist Metapher für das letzte Stadium menschlichen Herunterkommens.

Appell: hier im Sinne des juristischen Fachterminus »Appellation«: Einspruch, Berufung bei einer höheren Instanz.

Weisere Fassung ... grüße zuerst: Fortsetzung der Chor-Rezitation aus »Die Braut von Messina« I,3.

Linienstraße: im Rosenthaler Viertel wie die schon erwähnte Mulackstraße, in der Hauptmann gewohnt hatte.

Skorzenin: Dorf in der damaligen preußischen Provinz Posen, Kreis Gnesen.

Restaurateurswitwe: von frz. »restaurateur« ›Gastwirt‹.

nach Adam Riese: Diese Redensart, mit der man die Richtigkeit einer Rechnung zu bekräftigen pflegt, geht zurück auf den Rechenmeister Adam Riese (1492–1559), den Verfasser der meistverbreiteten Rechenbücher des 16. Jh.s.

Kadettenerziehung: als Zögling einer militärischen Erziehungsanstalt, die auf die – seinerzeit dem Adel vorbehaltene – Offizierslaufbahn vorbereitet.

Herrn Maddai: Guido von Madai (1810–92), von 1872 bis Oktober 1885 Berliner Polizeipräsident.

Janhagel: hier: Menschenauflauf.

Megäre: griech. »Megaira« ›die Zürnende‹, eine der Erinnyen (Rachegöttinnen) der griechischen Mythologie; im übertragenen Sinn: wütende Frau, böses Weib.

Stigmata: Zeichen, (Wund-)Male.

Affektation: Getue, Ziererei.

inkommodieren: belästigen, Unbequemlichkeiten bereiten.

Menagieren Se sich: veraltet für: Mäßigen Sie sich.

Emphase: Nachdruck, Eindringlichkeit.

glänzenden Elend: geflügeltes Wort nach Goethes »Die Leiden des jungen Werther« (2. Buch, Brief vom 24. Dezember); Goethe schildert dort die gesellschaftlichen Verhältnisse in Wetzlar: »Und das glänzende Elend, die Langeweile unter dem garstigen Volke, das sich hier nebeneinander sieht! Die Rangsucht unter ihnen, wie sie nur wachen und aufpassen, einander ein Schrittchen abzugewinnen; die elendesten, erbärmlichsten Leidenschaften, ganz ohne Röckchen.« (Reclams Universal-Bibliothek, Nr. 67[2], S. 74.) – Auf den »Werther« bezieht sich Hauptmann schon in seinem naturalistischen Dramenerstling »Vor Sonnenaufgang« (Lektüre Helenes; Selbsttötungs-Motiv).

Abschaum der Menschheit: redensartl. nach 1. Kor. 4,13.

Chloral: Gemeint ist Chloralhydrat; Mittel gegen Schlaflosigkeit und nervöse Aufregungszustände.

Bonne: (frz.) Kindermädchen, Erzieherin.

Chignons: (frz.) im Nacken getragene Haarknoten, die mit einem Kamm gehalten werden.

Flakon: Parfümfläschchen.

salomonisches Urteil: Hier nicht nur als Redensart im Sinne von ›weise Entscheidung‹, sondern eine – die situative Parallele betonende – gezielte Hindeutung auf 1. Kön. 3,16–28: In gleicher Streitsituation entschied König Salomo, das Kind zu halbieren, damit jede Mutter eine Hälfte bekomme; die entsetzte echte Mutter überließ sofort das Kind der Rivalin – wodurch diese überführt war. Allerdings war für Salomo die Drohung mit der Tötung des Kindes nur ein Mittel, die Wahrheit herauszufinden.

Sic eunt fata hominum: (lat.) So verlaufen die Schicksale der Menschen.

Vierter Akt

Hangelsberg: Dorf an der oberen Spree, nicht weit von Rüdersdorf (s. Anm. zu Akt I, S. 12).

Zerberus: scherzhaft im Sinne von ›grimmiger Wächter‹; nach dem Hund Kerberos der griechischen Mythologie, der den Eingang der Unterwelt bewacht (vgl. S. 7 f., die erste Anm. zu Akt I, zum Schauplatz: »Unterwelt«, »unterirdische Welt«).

breit jekriecht: wie »breitgeschlagen« ugs. für: überredet.

Bleibe im Lande ... redlich: sprichwörtl. Redensart nach Ps. 37,3.

Nich in die Hand!: Berliner Redensart für: Darauf lasse ich mich nicht ein!

hat et jut anjeschlachen: ist es gut bekommen.

Lehrter Bahnhof: in Berlin-Moabit.

Prellsteine: Abweiser, schräggestellte Steine, an Toreinfahrten, die eine Beschädigung der Mauer durch Fahrzeuge verhindern sollen.

Uferstraße ... Jerber de Felle wegschwimmen: Gemeint ist die Straße entlang der Panke, einem Nebenflüßchen der Spree, das den Wedding durchzieht. Die dort angesiedelten Gerbereien kamen 1885 ins Gerede, weil sie das Wasser der Panke so stark verschmutzten, daß u. a. deswegen der nahegelegene Kurparkbetrieb stillgelegt werden mußte. Möglicherweise spielt Hauptmann auf diesen Vorfall an. – Vgl. Annemarie Lange, »Berlin zur Zeit Bebels und Bismarcks«, Berlin 1972, S. 478 f.

Justo: ital. »gusto« ›Geschmack, Neigung‹.

kodderig: (ndd., berlin.) schlecht, übel.

Kamedienspieler: verballhorntes »Komödien-Spieler«; gemeint ist Hassenreuter.

kampeln: (md.) sich zanken, streiten.

Der pickt et: (berlin.) Die ist wohl verrückt.

jezerjelt: (berlin.) gezankt, gestritten.

knutscht: (berlin.) »Worte knutschen«, in der Bedeutung: gefühlvoll, mit falschem Pathos sprechen.

in Kasten: ins Gefängnis.

Bebel und Liebknecht: August B. (1840–1913) und Wilhelm L. (1826–1900), Führer der deutschen Sozialdemokratie, Reichstagsabgeordnete.

in Dalles: (jidd.) ugs. für: Not, Geldmangel.

Treber fressen ... verlorene Sohn: vgl. Lk. 15,16. – »Treber« nennt man die Rückstände beim Keltern.

Tiraden: Wortergüsse.

von der Leber weg: Früher galt die Leber als Sitz von Trieben und Gefühlen; die Redensart meint also: durch freimütiges Reden die Leber von angehäuftem Groll erleichtern.

Diener des guten Hirten: Umschreibung für: Priester. Der »gute Hirte« ist Jesus; angespielt wird auf die biblischen Gleichnisse Joh. 10,1–12 und Lk. 15,1–7.

gewisse Berliner Hyänen: Umschreibung für ›Dirnen, Freudenmädchen‹.

die Sünderin ... vor neunundneunzig Gerechten: Anspielung auf Lk. 15,7.

Ethos: moralische Haltung, sittliche Grundsätze.

Schwarzen Mann: eine Schreckfigur für Kinder; häufig Bezeichnung des Teufels oder eines unheilvollen Dämons.

Laubenkolonie: (berlin.) Schrebergarten.

Hallesche Tor: eine der Toröffnungen in der alten Berliner Zollmauer.
een dotet Kindeken ... Sonne ... lebendig: angeregt durch einen von Hauptmann am 14. Juli 1910 im Tagebuch notierten Traum seiner Frau Margarete (nach dem Tod des Sohnes Erasmus nur zwei Tage nach der Geburt). Vgl. Kap. III: Dokumente zur Entstehung, S. 72 f.
heilig: (schles.) halt, eben, wirklich, sicherlich. Vgl. »Vor Sonnenaufgang«: »läßt du mich heilig noch sitzen« (Akt V); »Die Weber«: »'s geht heilig bald nimmer« (Akt III). Beide Stücke spielen in Schlesien; Frau John stammt aus dem schlesischen Brückenberg (s. Akt II). – Als Berliner Redensart ist belegt: »Da kannst dir heilig druf verlassen!«
miserich: elend, heruntergekommen.
trocken jefüttert: Trockenfütterung mit Dürrfutter: Heu, Stroh, Kraftfutter.
dafür jeb ick Amerika: bezieht sich auf die Auswanderungspläne (s. Folgedialog und bereits Akt II).
dußliche: ugs. für: dumme, törichte.
Dromlade: (berlin.) Schimpfwort; eigtl. »Droomlade«, in der Bedeutung ›einfältiger Mensch‹.
schudderst: (berlin.) schauderst, zitterst.
aus'n Kriege: dem Deutsch-Französischen Krieg 1870/71.
Eiserne Kreuz: 1813, zu Beginn der ›Freiheitskriege‹ (gegen Napoleon), von König Friedrich Wilhelm III. gestiftete Kriegsauszeichnung für alle Dienstgrade; am 19. Juli 1870 auf Kriegsdauer erneuert (so auch 1914 und 1939).
stech: (berlin.) stecke.
pomadich: (berlin., auch sonst ugs.) langsam, träge, gleichgültig.
apee apee: verballhorntes »peu à peu« (frz.): nach und nach, allmählich.
mit Jott für Keenich und Vaterland: Zitat der preußischen Devise aus den Befreiungskriegen gegen Napoleon 1813 bis 1815. Sie geht zurück auf eine Verordnung Friedrich Wilhelms III. vom 17. März 1813 über die Organisation der Landwehr. Unter dieser Devise waren die deutschen

Truppen auch 1870 wieder gegen den ›Erzfeind‹ Frankreich gezogen. Vgl. CA XI, 901.

Wacht am Rhein: im Jahr der ›Rheinkrise‹ 1840 entstandenes Lied von Max Schneckenburger (1819–49). Die von John gesungenen Verse entstammen einer 1854 durch Wilhelm Greef textlich veränderten Version. Diese wurde mit einer im selben Jahr von Carl Wilhelm geschaffenen neuen Melodie populär und diente im Krieg gegen Frankreich 1870/71 als Schlachtgesang. Nachfolgend Strophe 1 und 3 dieser Fassung (zit. nach: »Die Wacht am Rhein, das deutsche Volks- und Soldatenlied des Jahres 1870«, hrsg. von Georg Scherer und Franz Lipperheide, Berlin 1871, S. 33 f.):

Es braust ein Ruf wie Donnerhall,
Wie Schwertgeklirr und Wogenprall:
Zum Rhein, zum Rhein, zum deutschen Rhein!
Wer will des Stromes Hüter sein?
  Lieb' Vaterland, magst ruhig sein,
  Fest steht und treu die Wacht, die Wacht am Rhein!

Er blickt hinauf in Himmelsau'n,
Wo Heldenväter niederschau'n,
Und schwört mit stolzer Kampfeslust:
»Du Rhein bleibst deutsch wie meine Brust.«
  Lieb' Vaterland ...

Klamotten: (ugs.) hier in der ursprünglichen Bedeutung ›Ziegelbrocken‹.
rackern: ugs. für: hart arbeiten, sich abarbeiten.
durchjescherbelt: von »scherbeln«, mundartl. für: tanzen.
Musspritze: Gemeint ist der Revolver. – Im Gaunerjargon und auch im Berliner Dialekt eigtl. verwendet für: Regenschirm.
Schubiack: niederträchtiger Mensch, Lump.
schnäbelt: ugs. für: küßt, knutscht.
Lumpenkanaille: von frz. »canaille« ›Schurke, Gesindel‹.
Wuhlheide: Waldgebiet im Südosten von Berlin.
jeh ick verschütt: Gaunersprache: verhaftet werden, einge-

sperrt werden (Ostwald und Avé-Lallemant; s. S. 12f., Anm. zu *Lampen!*).

Knochenkeller: nicht ermittelt. – Im folgenden spricht Bruno vom »Verkümmler« (Hehler) im »Knochenkeller«.

Wuddel: »wuttlen« bzw. »wutteln«: Vokabel der Gaunersprache in den Bedeutungen ›sprechen, plaudern, unstet hin- und herfragen‹ (Ostwald und Avé-Lallemant).

jefiege: gefügig.

Pillenkrajerei: Bei Avé-Lallemant ist nachgewiesen »Billträgerin« für ›schwangere Bettlerin‹ (Tl. 4, S. 64), bei Ostwald »Pillenträgerin« als Bezeichnung für eine »Dirne, die Schwangerschaft simuliert«. – Diese Vokabel könnte Hauptmann im Blick gehabt haben; denn sie bezeichnet eines der zentralen Motive des Stücks: die von Frau John vorgetäuschte Schwangerschaft. Möglicherweise müßte es statt »Pillenkrajerei« heißen »Pillentrajerei« bzw. »Pillenträjerei«. Vielleicht hat Hauptmann die vorgefundene Bezeichnung aber auch bewußt variiert.

Bolljongkeller: Bouillonkeller; Kellerlokal.

Unser janzet Leben lang ... Ristorang!: In seiner »Kultur- und Sittengeschichte Berlins« (Berlin [1924], S. 509) teilt Hans Ostwald – unter: »drastische Berliner Worte« – folgende Version mit:

> Und so jehn wir und so jehn wir
> Unser janzet Leben lang
> Aus det eene Restorang
> Mang det andre Restorang.

bei Kalinich: Wirtshaus; in Berliner Adreßbüchern ist allerdings für die Zeit um 1885 und danach ein Lokal (Inhaber, Pächter) dieses Namens nicht zu ermitteln.

Nippen: ugs. für: Trinken.

Groch: Grog, ein alkoholisches Getränk.

molum: Gauner- und Studentensprache: betrunken.

Bullenwinkel: im Berliner Dialekt generell Bezeichnung für eine Sackgasse. Besonders wurde jedoch ein »schmaler, widerlich-schmutziger Durchgang« so genannt, der die

»abscheuliche« Taubenstraße mit dem »häßlichen, verwahrlosten« Hausvogteiplatz verband (I. Kastan, »Berlin wie es war«, Berlin [1919], S. 72).

Quinten: Avé-Lallemant verzeichnet für »Quinte« die Bedeutungen ›Lug, Täuschung, Betrug, Finte, Diebstahl‹, Ostwald nur ›Diebstahl‹.

Schublade: bei Ostwald und bei Avé-Lallemant belegt als Ausdruck der Dirnensprache in der Bedeutung ›vulva, weiblicher Geschlechtsteil‹. Auch das Grimmsche Wörterbuch erläutert (Bd. 9, Sp. 1820): »in der gaunersprache bedeutet es ›vulva‹«.

Verkümmler: Gaunersprache: Hehler, Helfer (Ostwald und Avé-Lallemant).

mache ick Bammelmann: »Bammelmann machen« ist bei Ostwald verzeichnet als Ausdruck der Gauner- und Landstreichersprache für ›sich erhängen‹, bei Avé-Lallemant in den Bedeutungen ›henken, sich henken‹.

Charité: (frz., aus lat. »caritas« ›Mitleid, Barmherzigkeit‹) berühmtes Berliner Krankenhaus.

Sezieren: zerlegen; eine Leiche öffnen, anatomisch zerlegen.

'n Hihnchen zu pflicken: Die sprichwörtl. Redensart (statt »pflücken« häufiger »rupfen«) meint: mit jmd. noch etwas auszutragen haben, ihn wegen einer Sache zur Rede stellen wollen.

Schneiderring: Dieses Wort, das in exakt dieser Schreibung in allen relevanten Drucken seit dem Erstdruck steht, ist in keinem der einschlägigen Wörterbücher nachgewiesen. Belegt ist hingegen, und zwar im Grimmschen Wörterbuch, bei Ostwald und bei Avé-Lallemant, das Wort »Schneide-ring« – als Vokabel der Gaunersprache in der Bedeutung ›Messer‹. Mit an Sicherheit grenzender Wahrscheinlichkeit liegt hier eine Flüchtigkeit vor, die bei allen Überprüfungen des Textes unbemerkt blieb.

jejondelt: ugs. für: gebummelt, umhergezogen.

Beller: Landstreicher- und Gaunersprache: Hund (Ostwald und Avé-Lallemant).

alle werden: Bei Ostwald nachgewiesen mit den Bedeutungen

›verhaftet werden, verschwinden‹. Hier jedoch offensichtlich im Sinne von ›sterben, ermordet werden‹. Vgl. Johns Aussage in einer frühen Fassung des fünften Akts: »Ick kann nich jlooben, det unse Kind det Kind von een fremdet polnisches Mächen is! Det det Mächen ermordet is! Kann sind, det von de Frauenzimmer, wo Bruno sich rumtreibt, meinswechen eens von Bruno alle jemacht worden is!« (CA IX,1171.)

dreppelte: dröppelte, tröpfelte; regnete leicht.

Uffstoß: »Aufstoß« ist bei Ostwald nachgewiesen als Gaunervokabel für ›Störung, Hindernis beim Einbruch‹; bei Avé-Lallemant: »Aufstoß, der unerwartete Zwischenfall, die Überraschung, Begegnung, Verhinderung bei einem Diebshandel«.

Fünfter Akt

Legitimationsmarke: zu »legitimieren«: sich ausweisen.

Razzia: Fahndungsaktion der Polizei.

nach dem Schnürchen geht: wohl im Sinne von ›reibungslos geht, flott vonstatten geht‹; vgl. die bekanntere Redensart »Es geht wie am Schnürchen«.

Ich denke ... nicht daran ... als Lebensmüder feige zu endigen: erinnert an die Haltung Loths (in Hauptmanns Drama »Vor Sonnenaufgang«, 1889), der den Wertherschen Selbsterlösungstod erwägt – und ausdrücklich verwirft (CA I,94 f.).

Volksküche: Speiseanstalten, die errichtet wurden, um für eine bessere und billigere Ernährung der unbemittelten Volksschichten zu sorgen. Die Speisen wurden meist nicht unentgeltlich, aber sehr preiswert abgegeben. Die ersten Volksküchen wurden in Berlin 1866 durch Lina Morgenstern eingerichtet.

Ernennung ... zum Direktor in Straßburg: Alexander Heßler, das Urbild des Hassenreuter, ging 1886 zurück nach Straßburg.

Sonnenblick: »Blick« in der älteren Bedeutung: Strahl.

Jungs ... Adelbertchen sein Jräbken jesteenicht: nach einem von Hauptmann am 15. Juni 1910 im Tagebuch festgehaltenen Traum seiner Frau Margarethe. Vgl. Kap. III: Dokumente zur Entstehung, S. 73.

Kindchen ... immer noch in de Mutter: vgl. auch hierzu die in Kap. III abgedruckten Tagebuchaufzeichnungen Hauptmanns.

Sieh da ... Kraniche des Ibykus: In Schillers Ballade »Die Kraniche des Ibykus« der entscheidende Satz, mit dem sich die zwei Mörder entlarven.

Möge das Schicksal ... zu ringen: Noch pathetischer äußert sich Hassenreuter in einer früheren Fassung des fünften Akts: »Der Himmel soll jeden davor bewahren, daß er jemals wie ich aus gesicherten idealen Verhältnissen mit Weib und Kind mittellos in die Subura Berlins geschleudert wird und tiefer hinunter in jene Rattenlöcher und Röhren hinein, wo das eiserne Muß, die eiserne Not zum Kampf um die nackte, verschimmelte Krume Brotes auf Tod und Leben zwingt. Bellum omnium contra omnes. Ein furchtbares Wort, das mir seit Jahren Tag und Nacht in den Ohren klingt.« (CA IX,1186.) – Das lateinische Zitat (dt. »Krieg aller gegen alle«) ist geflügeltes Wort nach einer Schrift des englischen Staatsmanns und Philosophen Thomas Hobbes (1588–1679).

Subura: Stadtteil des antiken Rom; in der römischen Kaiserzeit ein verrufenes Viertel.

odi profanum vulgus: (lat.) geflügeltes Wort nach Horaz, »Oden« III,1,1: »Odi profanum vulgus et arceo.« (Ich hasse den gemeinen Pöbel und meide ihn.)

der Groschen ... im Kasten klang: möglicherweise in bewußter Anlehnung an bzw. Anspielung auf das geflügelte Wort, das auf eine Äußerung des Ablaßkrämers Johann Tetzel (1465–1519) zurückgehen soll: »Sobald das Geld im Kasten klingt, / Die Seele aus dem Fegefeuer springt.«

Rollwagen: im 16. Jh. Reisewagen, der auf Rollen, massiven Scheiben lief; später: Lastwagen mit freier Ladefläche.

alias: (lat.) anders, ›auch genannt . . .‹.
Thespiskarren: scherzhaft für: Wanderbühne; nach Thespis, dem Begründer der altgriechischen Tragödie, der nach einer von Horaz erwähnten Überlieferung mit einem Wagen umhergezogen sein soll.
Penaten: altrömische Schutzgötter des Hauses und der Familie.
irreparable: nicht heilbare, nicht behebbare.
Kompensation: Ausgleich, Entschädigung.
ab ovo: (lat.) vom Ei an; also: vom ersten, entlegensten Anfang an.
sic!: (lat.) so; wirklich so!
Adebar beim Maskenverleiher: »Adebar« ist in Mittel- und Niederdeutschland Bezeichnung für den Storch. »Der Storch beim Maskenverleiher« wollte Hauptmann zwischen Januar und Juli 1910 sein Stück betiteln (vgl. Kap. III: Dokumente zur Entstehung, S. 72).
urbi et orbi: (lat.) der Stadt und dem Erdkreis. Die lateinische Formel ist geläufig durch den Segen, den der Papst alljährlich vom Balkon des Petersdoms erteilt.
Pietät: Ehrfurcht, Achtung (bes. gegenüber Toten); hier der Name eines Beerdigungsinstituts.
Jottes Finger: sprichwörtl. nach 2. Mose 8,15 und Lk. 11,20.
Lichtfaßsäulen: volksetymologische Entstellung von »Litfaßsäule«; der Buchdruckereibesitzer Ernst Litfaß (1816 bis 1874) hatte Mitte der 50er Jahre des 19. Jh.s die kunststeinernen Anschlagsäulen – nach Pariser Muster – in Berlin eingeführt.
Denungsiation: Verballhornung von »Denunziation«; eine an Polizei oder sonstige Behörden gerichtete Anzeige, durch die jemand einer strafbaren Handlung beschuldigt oder verdächtigt wird (vor allem wenn unehrenhafte Beweggründe vorliegen).
sistiert: zurückgestellt, verschoben.
Schauhaus: Leichenschauhaus.
Engelmachersche: Engelmacherin; »Kinderpflegerin, die die Kinder verkommen läßt, ihnen saure Milch oder andere

Dinge gibt, an denen sie sterben, ohne daß ein Verschulden nachzuweisen ist« (Ostwald, »Rinnsteinsprache«, S. 43). Vgl. Max Kretzers Prosaskizze »Die Engelmacherin« (1888); abgedruckt in: »Prosa des Naturalismus«, hrsg. von Gerhard Schulz, Stuttgart 1973 (Reclams Universal-Bibliothek, Nr. 9471 [4]), S. 55–63.

Plötzensee: Gemeint ist wieder das Gefängnis in Berlin-Charlottenburg.

soßte: Kontraktion aus »sollst du«.

versetzen: im Grimmschen Wörterbuch belegt u. a. in der Bedeutung ›versperren‹.

Moabit: Berliner Stadtteil nördlich des Tiergartens; hier das dort befindliche Kriminalgericht mit Untersuchungsgefängnis.

Anplinkern: (berlin.) »plinkern« für: blinzeln, zublinzeln.

polsche: kontrahiertes »polnische«.

Jüngsten Dache: nach der christlichen Lehre das Weltende, Tag der Wiederkunft Christi und des ›Jüngsten Gerichts‹.

Hexen ... Besen ... Schornstein ... rausfliejen: Anspielung auf populäre Vorstellungen des Volksglaubens.

Hasenheide: beliebter Berliner Park in Rixdorf (heute: Neukölln).

Wäre ich Richter in Israel ...: Hindeutung auf den weisen Richter Salomo des Alten Testaments und – wie Ende Akt III (vgl. S. 44, Anm. zu *salomonisches Urteil*) – auf dessen Urteilsspruch im Streit zweier Frauen um ein Kind.

Kohlhaas von Kohlhaasenbrück: der um jeden Preis sein Recht suchende und schließlich scheiternde Titelheld der Kleistschen Erzählung »Michael Kohlhaas« oder dessen historisches Urbild, Hans Kohlhase. Kleist spricht zu Beginn seiner Erzählung von »einem Dorfe, das noch von ihm den Namen führt«, und meint damit wohl das am Griebnitzsee (zwischen Potsdam und Berlin) gelegene Kohlhasenbrück, das seinen Namen indes nicht von Kohlha(a)s erhielt.

praktisches Christentum: Der Bismarck-Verehrer Hassenreuter übernimmt ein – schnell populär gewordenes –

Schlagwort des Reichskanzlers, das dieser am 2. April 1881 in der Reichstagsaussprache über das Unfallversicherungsgesetz geprägt hatte: »Wenn der Herr Abgeordnete [...] für unsere Bestrebungen einen Namen finden wollte, den ich bereitwillig annehme, so ist es der: praktisches Christenthum, aber sans phrase« (zit. nach: Büchmann, »Geflügelte Worte«).

Die Tragik ist nicht an Stände gebunden: vgl. die Anmerkungen zum Kunstgespräch, Eingangsszene Akt III, bes. S. 37 f. zu *Da kommt Ihre tragische Muse ... zu tragischen Helden ungeeignet.*

II. Varianten des Schlusses

Schlußszene der im Juli 1910 fertiggestellten Fassung, in der Frau John überlebt, aber in Wahnsinn (»Geistesumnachtung«) verfällt:

(Sie [Frau John] geht singend ab, von einigen Beamten begleitet und gefolgt von John, der vollständig gebrochen ist, abwechselnd »Jette« und »Mutter« sagt und von Quaquaro mühsam auf den Beinen gehalten wird.)

DIREKTOR HASSENREUTER. Sie gehört vor den Arzt und nicht vor den Richter.

DER POLIZEILEUTNANT. Was in ihrem Fall für die Frau tatsächlich die Rettung ist.

DIREKTOR HASSENREUTER. Und der Mann?

DER POLIZEILEUTNANT. Der Mann steht nicht unter Anklage. Man nimmt an, daß er selbst auf das allergröblichste hintergangen ist.

DIREKTOR HASSENREUTER. Wenn nur nicht diese arme Person das schuldlose Kind in ihren Untergang mit hineingezogen hat. *(Spitta bringt in einem sauberen Körbchen das Kind durch die Oberbodentür, von Walburga und Schierke geleitet.)*

WALBURGA. Nein, hier ist es, Papa. Es ist am Leben.

DER POLIZEILEUTNANT. Schierke, Sie sind für das Kind verantwortlich. *(Er grüßt und geht schnell ab. Spitta stellt das Körbchen mit dem Kinde mitten auf den Tisch.)*

DIREKTOR HASSENREUTER *(am Tisch, bei dem Kinde).* Laßt mal sehen! Nun, Gott sei Dank, daß wenigstens dieses ahnungslose kleine Geschöpf noch erhalten geblieben ist! – So! Spitta, bringen Sie mal einen Stuhl! *(Es geschieht. Er läßt sich hineinsinken.)* Ich gestehe offen, daß ich ganz unvorbereitet ... daß ich von dieser Tragik, diesem tragischen Aufruhr in der Mietskaserne vollständig überrumpelt worden bin.

SPITTA. Sagten Sie tragisch, Herr Direktor?

DIREKTOR HASSENREUTER. Die John ist eine Verbrecherin!

Ich würde das niemals von ihr geglaubt haben! aber ich habe sie auch gute zehn bis zwanzig Sekunden, als sie oben erschien, für eine mir vollkommen fremde Frau angesehn und ganz allmählich erst wiedererkannt. Bis sie so weit gekommen ist, diese John, muß sie im Schutz ihrer Niedrigkeit Ungeheures erlebt und durchlitten haben. Ich muß mich erkundigen. Nein, nein, ich glaube nicht, daß meine Vermutung unrichtig ist.

SCHIERKE. Na ja, aber wat wird nu mit so'n Kind. Vater war jestern uff unser Bezirksbüro. Sacht, det de Pauline Piperkarcka alle Mannsbilder nachjeloofen is. Will von de Vaterschaft nischt for wahr haben. Is heute mittag sojar uff't Standesamt an de Fischerbrücke mit eene reiche Karussellbesitzerswitwe jetraut. An Ende is et nu eejentlich schade for det Wurm, det de John nich in ihre Mutterfunktion jeblieben is.

DIREKTOR HASSENREUTER. Eine Frau aus dem Volk, deren mütterliche Eignung ich als Kindernarr, der ich bin, buchstäblich bewundert habe. Wie proper, wie sauber liegt dieser Bengel im Bettchen drin! Die Themis[1] ist blind! Schade um dich, kleiner Massenartikel.

SPITTA. Ich bin überzeugt: seine wahre Mutter hat dieses Kind mit der John eingebüßt.

SCHIERKE. Privatflege, Städtisches Waisenhaus, und nu jar, wo hätte de Kielbacken in de Mache jekricht. Staatsanwalt kann se man immer nich fassen. Hat immer sechse, achte zu liejen in Flege, wo heechstens pro forma ma eens un's andere leben jeblieben is.

DIREKTOR HASSENREUTER. Ich meinesteils hätte dich der John, dir die John gegönnt, und der Maurerpolier! dieser Prachtmensch von Vater! *(Zu dem Kinde.)* Du weißt nichts davon, und doch warst du reich und bist heut um wahre Krösusreichtümer an zärtlicher Sorge, Liebe und Treue ärmer geworden! auch wenn du, bei allem Unglück zu deinem Glück, nicht umsonst gerade auf dem Theater-

1 Göttin der Sitte, Ordnung und Gerechtigkeit im griechischen Mythos.

boden des Direktors Hassenreuter gelandet bist. Freilich, die John wird dir keiner ersetzen.

SPITTA. Wäre ich Richter in Israel ...[2]

DIREKTOR HASSENREUTER. Sie würden der John ein Denkmal errichten. Das geht nicht! Der Weltlauf, mein Lieber, ist von jeher recht wunderlich. – Was ist tragische Ironie, guter Spitta?

SPITTA. Alle menschliche Ironie, weil sie ohnmächtig ist.

DIREKTOR HASSENREUTER. Und was halten Sie von der göttlichen?

SPITTA. Daß Sein ein wahrhaft grauenhaftes Bedürfnis der seligen Götter ist.

DIREKTOR HASSENREUTER *(zu Walburga)*. Für seine Jugend ist dein Freund reichlich alt, gute Walburga. Was nützt das, wenn wir auch noch so fatale Gesichter schneiden? Was bleibt uns übrig, als trotz alledem gläubig, tätig, heiter und zuversichtlich zu sein? Unser Leben kann nicht anders gelebt werden! Sorge dafür, daß die Laune des Jünglings menschlicher wird.

WALBURGA *(umhalst ihn)*. Geliebter Papa!

DIREKTOR HASSENREUTER *(streichelt ihren Kopf, bewegt)*. Schlimme, schlimme Walburga.

CA IX,1200–02. –

Im Zensurexemplar und im Regiebuch der Berliner Uraufführung, die aus halbierten Fahnenabzügen bestehen, sind zwei Varianten der Schlußszene überliefert (nur für die erstere kann Hauptmanns Autorschaft als gesichert gelten).

1. Drucktext:

(... Spitta, der Direktor, Frau Direktor und Walburga sind um das Kind bemüht, das auf den Tisch gebettet wird.)

2 Vgl. S. 53 die entsprechende Anm. zum Text (Schluß Akt V).

DIREKTOR HASSENREUTER. Spitta, wir haben das Haupt der Gorgo[3] gesehn! wer hätte der John so etwas zugetraut.

JOHNS STIMME *(die man von unten laut rufen hört).* Mutter! Mutter!

DIREKTOR HASSENREUTER. Wie kommt eine Frau auf solche Gedanken.

SPITTA. Das weiß ich nicht. Doch mir sagt ein bestimmtes Gefühl, daß dieser kleine Friedensstörer jetzt erst, in der John, seine wahre Mutter verloren hat.

DIREKTOR HASSENREUTER. Sie werden ihr kein Verdienstkreuz auswirken und wäre das Kind auch der leibhafte Eros, Moses oder Dionysos.

(Selma kommt atemlos herein.)

SELMA. Frau John liecht dot uf de Straße unten.

FRAU DIREKTOR HASSENREUTER. Das hab' ich gewußt. Das konnte man sehen, daß diese Frau keinen anderen Ausweg hatte als einen Sprung in das Nichts zu tun.

SELMA. Und Bruno Mechelke is festjenomm.

DIREKTOR HASSENREUTER. Fiat justitia! pereat mundus.[4]

JOHNS STIMME. Mutter! Mutter!

FRAU DIREKTOR HASSENREUTER. Ja, »Mutter, Mutter!« – Weiß er was eine Mutter ist?

2. Handschriftlich variierte Version (bei deren Herstellung der vorstehende Drucktext teilweise mit handschriftlichem Text überklebt wurde):

(... Spitta, der Direktor, Frau Direktor und Walburga sind um das Kind bemüht, das auf den Tisch gebettet wird.)

FRAU HASSENREUTER. Ja Mutter! Mutter ! – Weiß er was eine Mutter ist.

DIREKTOR HASSENREUTER. Spitta, wir haben das Haupt der Gorgo gesehn! wer hätte der John so etwas zugetraut.

3 »Gorgonen« sind im griechischen Mythos drei weibliche Ungeheuer, bei deren Anblick sich alles zu Stein verwandelt. Gemeint ist hier das Haupt der Gorgo Medusa (vgl. Akt III, Anm. zu *Haupt der Medusen*, S. 28).

4 Vgl. Akt I, Anm. zu *Fiat lux, pereat mundus!*, S. 15.

JOHNS STIMME *(die man von unten laut rufen hört).* Mutter! Mutter!

DIREKTOR HASSENREUTER. Wie kommt eine Frau auf solche Gedanken.

SPITTA. Das weiß ich nicht. Doch mir sagt ein bestimmtes Gefühl, daß dieser kleine Friedensstörer jetzt erst, in der John, seine wahre Mutter verloren hat.

SELMA *(öffnet hastig die Tür und ruft herein).* Herr John, Herr John, Herr Maurerpolier!

FRAU DIREKTOR HASSENREUTER. Herr John ist längst bei den Andern, Selma!

SELMA. Herr John soll mal uf de Straße kommen.

FRAU DIREKTOR HASSENREUTER. Er ist aber nicht hier.

SELMA. Ihre Frau liegt dot uf de Steene unten.

Zensurexemplar: Landesarchiv Berlin. Pr. Br. Rep. 30 C, Nr. 4961b.
Regiebuch: Staatsbibliothek Preußischer Kulturbesitz, Berlin. Libri impr. c. not mss. 4^0 260. (Titelblatt: Die Ratten. Berliner Tragikomödie von Gerhart Hauptmann. Zweite Auflage. S. Fischer Verlag, Berlin 1911)

Im Regiebuch, das der mit der Einstudierung beauftragte Emil Lessing eingerichtet hat, wurde die handschriftlich hergestellte Version nachträglich noch einmal zusammengestrichen. In dieser gekürzten Form ist der Schluß auch in einem Druck überliefert, den der Bühnenverlag Felix Bloch Erben, Berlin, als Bühnenmanuskript vertrieben hat.[5] In dieser Fassung folgt auf die Regieanweisung (*Spitta ... gebettet wird.*) nur noch:

5 Ein Exemplar befindet sich im Besitz des Schiller-Nationalmuseums / Deutschen Literaturarchivs, Marbach. – Aus den vom Marbacher Archiv freundlicherweise in Kopie zur Verfügung gestellten Seiten ergibt sich, daß weitere im Regiebuch handschriftlich vorgenommene Änderungen – Texterweiterungen und vor allem zahlreiche Streichungen – in diesem Druck Berücksichtigung gefunden haben (vgl. Kap. III: Dokumente zur Entstehung, S. 78f.; Kap. IV: Dokumente zur Wirkungsgeschichte, S. 82f.). Die Befunde deuten darauf hin, daß Hauptmann auf der Basis des Regiebuchs der Uraufführung eine Bühnenfassung erstellt hat.

DIREKTOR HASSENREUTER. Spitta, wir haben das Haupt der Gorgo gesehen!

JOHN *(draußen).* Mutter! Mutter! *(Wiederholt in immer größerer Entfernung diesen Ruf.)*

FRAU DIREKTOR HASSENREUTER. Ja, Mutter, Mutter! – Weiß der, was eine Mutter ist.

Die Ratten. Berliner Tragikomödie von Gerhart Hauptmann. Unverkäufliches Manuskript. Felix Bloch Erben, Berlin. Berlin 1911. S. 109.

Gerhart Hauptmann, 1909.
Steinzeichnung von Karl Bauer
(C. F. W. Behl / Felix A. Voigt: Chronik von Gerhart Hauptmanns Leben und Schaffen. München: Bergstadtverlag, 1957)

III. Dokumente zur Entstehung

Die »Berliner Tragikomödie« erschien im Januar 1911 als Buchausgabe. Ein dem Dramendruck in der Ausgabe letzter Hand (Bd. 5) vorangestellter Vermerk informiert über die Entstehung: »Begonnen im Frühjahr 1909 in Sestri Levante und Portofino, fortgeführt im Sommer 1909 und Winter 1909/10, beendet im Sommer 1910 in Agnetendorf.« Diese Anmerkung benennt nur die Hauptarbeitsphasen. Tatsächlich war Hauptmann bis in den Spätherbst 1910 hinein mit dem fünften Akt beschäftigt, und bereits am 13. Februar 1907 hatte er im Notizbuch festgehalten:

»Das Rührende.
Die Frau – Kind angeblich gehabt
Sie bleibt Tage aus
Kind eines Dienstmädchens als ihres ausgegeben
hierdurch beiden geholfen aber sogar im tiefsten Sinne
Kind hatte aber schon Vormund dieser kam. Ständige Angst
Sie raubt für den Vormund ein anderes Kind. –
Maurersfrau
Rummelsburg – Menschenmenge.
Sie habe an ihrem eignen genug. Zeigt ihr eignes Kind von[m] Die[nstmädchen]. sie sagt zu Maurersfrau,
[Text bricht ab]«

Zit. nach: Rudolf Ziesche: Mutter John und ihre Kinder. Zur Vor- und Textgeschichte der »Ratten«. In: Peter Sprengel / Philip Mellen (Hrsg.): Hauptmann-Forschung. Neue Beiträge. Frankfurt a. M. / Bern / New York: Lang, 1986. [Im folgenden zit. als: Ziesche.] S. 225.

Das ist die Keimzelle des Stücks, dessen Ausarbeitung dann in den Jahren 1909 und 1910 erfolgte. Die Aufzeichnung basiert – wie zuerst Hans von Brescius entdeckte[1] – auf einem

1 Vgl. Freie Volksbühne e. V. Berlin, »Die Ratten«, [Programm-]Heft 2, 1977/78.

am selben Tag, also dem 13. Februar 1907, im »Berliner Lokal-Anzeiger« veröffentlichten Bericht »Aus den Gerichtssälen«:

»*Zwei Fälle von Kindesunterschiebung* beschäftigten gestern die 1. Strafkammer des Landgerichts I und die 4. Strafkammer des Landgerichts III. In dem ersten Falle war wegen Kindesunterschiebung und Urkundenfälschung die 32jährige Frau Marie G. angeklagt. Sie ist die Ehefrau des jetzt 56jährigen Kohlenhändlers G. Die Ehe, die im Jahre 1903 geschlossen wurde, blieb, trotz der beiderseitigen Wünsche des Ehepaares, kinderlos. Hierüber war insbesondere der Ehemann G. sehr unglücklich. [...] Das Gericht erkannte diesem Antrage gemäß auf *einen Tag Gefängnis*. – Unter erheblich schwereren Umständen hatte die Frau Elisabeth M. eine Kindesunterschiebung begangen, welche sie vor die Strafkammer des Landgerichts III führte. Außerdem mußte sich Frau M. noch wegen Kindesentführung verantworten. Die Angeklagte ist die Frau des Garderobiers M. in [Berlin-]Rummelsburg. Die 1903 geschlossene Ehe blieb ebenfalls kinderlos. Als M. eines Abends aus seinem Dienst kam, fand er neben dem Bett seiner Frau in einem Korbe ein schreiendes Baby, welches sich als der sehnlichst erwartete Familienzuwachs herausstellte. In Wirklichkeit hatte es die Angeklagte schon monatelang vorher verstanden, einen gewissen Zustand vorzutäuschen, und hatte dann das Kind eines Dienstmädchens B. als ihr eigenes ausgegeben, ohne zu wissen, daß dieses schon in der Person des Lehrers Mudra in Rummelsburg einen Vormund erhalten hatte. Dieser zog Erkundigungen über den Verbleib des Kindes ein und erschien eines Tages in der Wohnung der Angeklagten. Diese schwebte von nun an in ständiger Furcht, daß die Sache entdeckt würde, und faßte einen abenteuerlichen Plan. Sie näherte sich einer Frau Engel, die ein etwa gleichaltriges kleines Kind besaß, und machte sich mit ihr näher bekannt. Die Absicht der Angeklagten ging dahin, das Kind der E. zu *rauben* und dieses dann dem Vormund als das Kind des Dienstmädchens B. zu überbringen. Während Frau E. eines Tages ihrem Mann Essen nach seiner Arbeitsstätte trug, erschien die Angeklagte in deren Wohnung. Unter einem Vorwande schickte sie die beiden ältesten Söhne fort, die das kleine Kind beaufsichtigten, und eignete es sich an. Als Frau E. später nach Hause kam, vermißte sie sofort ihr Kind und schlug Lärm. Die Nachricht von dem Kindesraub verbreitete sich schnell in Rummelsburg, und bald belagerte eine Menschenmenge das

Haus der Engel, die in ihrer Aufregung über den Verlust des Kindes völlig kopflos geworden war. Die Angeklagte hatte inzwischen das geraubte Kind in der Wohnung des Lehrers abgegeben, nachdem sie ihm einen Zettel um den Hals gehängt hatte, auf dem angegeben war, es wäre dies das Kind des Dienstmädchens. Als Frau E. die Angeklagte beschuldigte, diese hätte ihr das Kind geraubt, zeigte diese ihr das wirkliche Kind des Dienstmädchens und erklärte, sie habe an ihrem eigenen genug. Die verwickelte Angelegenheit wurde noch an demselben Tage von der Berliner Kriminalpolizei aufgeklärt, die den doppelten Kindesaustausch vornahm. Das erstunterschobene Kind der B. wurde später den M.'schen Eheleuten wieder überlassen, die mit großer Liebe an ihm hängen. Vor Gericht war die Angeklagte geständig und beteuerte unter einem nicht endenwollenden Tränenstrom, sie habe nichts Schlechtes gewollt. Der Staatsanwalt hielt die Angeschuldigte der Kindesunterschiebung, der intellektuellen Urkundenfälschung und des Kindesraubes für überführt und beantragte mit Rücksicht darauf, daß sie durch dieses letztere Vergehen eine Mutter in große Verzweiflung gebracht habe, eine Gefängnisstrafe von sechs Wochen. Das Gericht erkannte an, daß die Angeklagte anfänglich nicht aus unedlen Motiven gehandelt habe und erst später aus Furcht vor Entdeckung zu der Entführung des Kindes der Frau E. gekommen sei. Das Urteil lautete auf *eine Woche Gefängnis.*«

Berliner Lokal-Anzeiger. Nr. 79. Morgenausgabe. 13. Februar 1907.

Am 1. Juli 1907 merkte Hauptmann als Arbeitsvorhaben »Das Drama, Comödie der Kindesunterschiebung« im Tagebuch vor, nachdem er schon zuvor in einer zweiten Notizbuch-Aufzeichnung festgehalten hatte (14. Juni 1907):

»Mauersfrau will Kind. Nimmt das Kind eines Dienstmädchens. Verabredung während der Schwangerschaft. Kind wird aber törichterweise angemeldet. Jetzt erscheint der Vormund. – Sie versteckt es. Das zweitemal zeigt sie das einer Maurers[frau] geraubte Kind dem Vormund als das des Dienstmädchens. Die Mauersfrau kommt herzu gestürzt.«

Zit. nach: Ziesche. S. 230.

Danach ruhte das Projekt für fast zwei Jahre. Den Neubeginn dokumentieren die folgenden Aufzeichnungen vom 5. oder 6. April 1909:

»Die Berliner Comödie der Kindesunterschiebung geht mir wieder durch den Kopf.
Die rührende Gestalt der Frau, die einer anderen das Kind stie[h]l[t], und thut, als ob sie es geboren hätte. – Sie bleibt einen Tag aus. – Das Kind ist von einem Dienstmädchen geboren. – Das Kind war aber schon standesamtlich gemeldet, hatte einen Vormund. Der Vormund kam. Die Angst. – Sie raubt nun für den Vormund ein andres Kind.«

»Die Tragicomödie der Kindesunterschiebung.
Die grosse Miethskaserne i[n] d[er] Alexanderstrasse.
die breiten Corridore.

2 Akt.
Theaterdirector Hessler – seine Schüler im Fundus. Der Schüler. Der Vortrag. Der besuch des berühmten Darstellers.

1 Akt.
Die rechtmässige Mutter, das Dienstmädchen, kommt: Sie meldet den Vormund. Angst. Verzweiflung. (Ercknerische Männer beim Amtsvorsteher der Mann) – Sie steht auf, angeblich Arbeit zu thun, bei Hessler, wo sie gewünscht wird.«

Zit. nach: Ziesche. S. 231 f.

In einem am 5. April 1909 angefertigten Personenverzeichnis heißt der Theaterdirektor schon Hassenreuter; als seine Schüler sind aufgeführt: Silberstein, Hofmann, Dr. Kurt von Sabelmann und Paul Guistri, als berühmter Schauspieler: Max Bernardi. Das polnische Dienstmädchen heißt Berta von Rosinski; die Aufwartefrau – ihr Mann ist »Maurerpolier« – trägt den Namen Laubschath (geändert aus: Renner), und als ihr Alter werden »32 Jahre« genannt. Dies entspricht exakt dem Alter der Angeklagten im ersten der beiden Fälle von

Kindesunterschiebung, über die der »Berliner Lokal-Anzeiger« im Februar 1907 berichtet hatte (s. S. 63 f.). Die Übereinstimmung könnte als Indiz dafür gewertet werden, daß Hauptmann den Zeitungsartikel aufgehoben und zu Beginn der Ausarbeitung erneut gelesen hat. Darauf deuten auch andere Elemente in den Teilen des ersten Berichts, die bei der Wiedergabe auf S. 63 vorerst ausgespart wurden und die mit Hauptmanns Konzeption korrespondieren. – Die »32jährige Frau Marie G.« hatte sich unter dem Namen »Richter« auf ein Inserat gemeldet, »nach welchem ein uneheliches Kind zu verschenken war«. Sie nahm Kontakt zum Vater des Kindes, einem Schauspieler, auf, und dieser vermittelte die Übergabe des Kindes bei »einer Frau in der Lindenstraße 92«. Der Bericht fährt fort:

»An demselben Tage war der Ehemann der Angeklagten über deren Ausbleiben in großer Unruhe. Erst am nächsten Mittag erschien die Vermißte [vgl. Hauptmanns Aufzeichnung vom 5./6. April, S. 65] in Begleitung des kleinen Kindes in einer Droschke und erzählte, wie sie vor Gericht selbst angab, ihrem etwas naiven Ehemanne, sie sei am Tage vorher in einem Warenhause von einem freudigen Ereignis überrascht worden. Der höchst beglückte Mann eilte auf das Standesamt und meldete die Geburt eines Stammhalters an. Alles wäre zur beiderseitigen Zufriedenheit abgelaufen, wenn sich nicht in der richtigen Mutter des Kindes das Gefühl der Mutterliebe geregt hätte. Diese forschte plötzlich nach dem Verbleib ihres Kindes und entdeckte dieses schließlich, nachdem sie ganz Berlin nach einer Frau Richter durchforscht hatte. Sie erkannte ihr Kind an einem bunten Tuch wieder, in welches sie es kurz vor der Übergabe eingewickelt hatte.«

Berliner Lokal-Anzeiger. Nr. 79. Morgenausgabe. 13. Februar 1907.

War in Hauptmanns Aufzeichnung vom 13. Februar 1907 festgehalten, daß durch die Kindesunterschiebung beiden Frauen »geholfen« sei, »sogar im tiefsten Sinne«, so ist mit dem Verlangen der rechtmäßigen Mutter nach Rückgabe des Kindes das Konflikt-Motiv gegeben, das für Hauptmanns weitere Konzeption bestimmend wurde. Es ist durchaus möglich, daß es die erneute Lektüre des Gerichtsberichts war, die die Erinnerung an ein eignes Erzählfragment geweckt hat, in dem andeutungsweise ein ähnlicher Konflikt dargestellt ist. Das Bruchstück stammt aus dem Jahr 1887, also aus der Zeit in Erkner (vgl. den Klammervermerk in der S. 65 zitierten Aufzeichnung von 1909 zum 1. Akt), und trägt den – auf 2. Kor. 3,6 anspielenden – Titel »Der Buchstabe tötet«. Darin haben der Maurer Filiz und seine Frau das Kind (Lieschen) des Zimmermädchens Marie in Pflege genommen. Diese Marie kommt eines Tages, sonntäglich herausgeputzt, erzählt, daß sie seit einigen Wochen verheiratet sei, zählt Geld auf den Tisch, verspricht mehr und will – obwohl dies nicht direkt ausgesprochen wird – offensichtlich ihr Kind zurückhaben. Das knapp dreiseitige Fragment schließt mit einer Schilderung der tiefgreifenden Verstörung des Pflegevaters: »Sein ganzes Wesen war aufgewühlt und erschüttert ...« (CA XI,29).

Die wesentlichen Elemente dieser frühen Prosaskizze wurden in das Dramenprojekt integriert, und zwar zunächst als Vorgeschichte, durch die der Wunsch des Maurerpoliers nach einem Kind begründet wird. Dies hat Rudolf Ziesche dargestellt und mit Textauszügen aus Akt I und Akt II der am 7. April 1909 begonnenen Niederschrift – Titel: »Mutter John. Berliner Comödie« – belegt. Wiedergegeben sei hier die entsprechende Stelle aus Akt I; die Frau des Maurerpoliers erzählt dem polnischen Dienstmädchen (beide tragen schon die endgültigen Namen):

> »Wir haben 'n Mädchen von de Armenverwaltung in Pflege jehat. Nu ist vor zwee Jahre pletzlich de Mutter aufjetaucht, ist jekommen un hat es uf jerichtlichem Wege zurückverlangt. Ick kann Ihn sagen ... wir haben det Lieschen [!] herjeben müssen! aber mein Mann is beinahe jestorben von. Et hat ihm jebeutelt! Jott soll mich bewahren, det er det kleene Balg musste hinjeben, det hat ihm bis heutigen Tages noch det janze Bischen Verstand verwirrt.«
>
> Zit. nach: Ziesche. S. 233.

Damit sind die Anfänge und wichtigsten Voraussetzungen der Dramenentstehung dargestellt und dokumentiert. Das Stück erlebte bis zu seiner Vollendung zahlreiche Metamorphosen: Bei der Durcharbeitung der in der Handschriftenabteilung der Staatsbibliothek Preußischer Kulturbesitz aufbewahrten, bislang nur auszugsweise publizierten[2] textgenetischen Materialien ermittelte Charles Skinner neun verschiedene Fassungen[3], Rudolf Ziesche – von der ersten Notiz (Februar 1907) bis zum Korrekturvorgang (Dezember 1910) – sechzehn Arbeitsphasen (siehe den schon mehrfach angeführten Aufsatz). Im folgenden können nur einige im Blick auf die Endfassung wichtige Stadien der Genese hervorgehoben werden.

Die erste briefliche Mitteilung machte Hauptmann am 20. Juni 1909 gegenüber seinem Verleger Samuel Fischer:

> »Ich bin am Ende des dritten Aktes einer Berliner Tragikomödie, die vier Akte haben wird. Titel: *Das Rattennest*! Ich erbitte Diskretion.«

Zit. nach: Autographen. Auktion am 8. November 1957 in Marburg. Katalog 534. J. A. Stargardt. Marburg. Nr. 125.

In einem vermutlich vom 17. August 1909 datierenden Brief an Otto Brahm heißt es:

> »Von meiner Arbeit kann ich noch wenig sagen: weil sie sehr gut werden soll und sehr schwierig ist. Ich habe sie eben jetzt auf eine neue Basis stellen müssen. Marr[4] war

2 Vgl. CA IX,1149–1202. – Bei dem dort S. 1176–80 abgedruckten Text handelt es sich nicht um den Schluß einer »fragmentarischen Fassung des 5. Aktes« (S. 1150); die in dieser Phase – Winter 1909/10 – konzipierte Fassung war auf vier Akte angelegt.

3 Charles Skinner, »The Texts of Hauptmann's ›Ratten‹«, in: »Modern Philology« 77 (1979) S. 163–171.

4 Hans Marr, Schauspieler, Mitglied des Brahmschen Ensembles.

hier, und es wird ja nicht ausbleiben, daß Du manches davon und auch den Titel ›Die Ratten‹ erfährst.«

Otto Brahm – Gerhart Hauptmann. Briefwechsel 1889–1912. Erstausg. mit Materialien. Hrsg. von Peter Sprengel. Tübingen: Narr, 1985. [Im folgenden zit. als: Briefwechsel Brahm – Hauptmann.] S. 229.

Diese Mitteilung bezieht sich darauf, daß Hauptmann den Versuch, die Handlung in vier Akten abzuschließen, kurz zuvor aufgegeben hatte. Den Neuansatz dokumentiert ein »Neuer Entwurf«, der die Funktion der erst jetzt eingeführten Figur des Bruders der Frau John durch alle Akte skizziert. Hauptmann diktierte seiner Sekretärin, der Engländerin Edith Cox:

»Die Ratten.
Neuer Entwurf. den 11ten August. 1909.

I Akt.

Im Fundus des Direktors. Frau John hält einen liederlichen Bruder in Versteck Dieser Bruder, der mehrmals auftaucht, ist im [ein?] Geheimnis.

II Akt.

Der Bruder ist nicht zugegen. Maurerpolier John hat ihm längst das Haus verboten. Der Bruder hasst eigentlich den Maurerpolier.

In der Scene der beiden Frauen will Frau John mit dem Bruder drohen. Sie tut es nicht oder vertuscht es.

III Akt.

Enthält keine wesentliche Veränderung. Die Gestalt des Bruders bleibt ausserhalb.

IV Akt.

Im Zimmer des Maurerpoliers. Die Situation ist schicksalsschwanger. Mutter John mit dem Kinde ist wieder zugegen. Ihr Mann ist stutzig geworden. Sie selbst zeigt ein krankhaft verändertes Wesen. Er begreift den Vorgang

zwischen den beiden Frauen nicht. – (Den Kampf um das Kind.) –
Zum so und so vielten Male sagt Frau John ihrem Manne, dass ja das Kind der Witwe Korn wieder zurückgebracht worden ist. Der Maurerpolier wird weiter durch die Kindesraub Geschichte bei der Korn beunruhigt Die Korn selbst erscheint. Sie erklärt die mystische Rückkunft des Kindes. Der Baron und Quidde [später: Spitta] waren vielleicht am Anfang da. Nun erscheint unerwartet, unvermittelt der Bruder der John. Maurerpolier John wird wild. Frau John wirft sich zwischen ihm [!] und dem [!] Bruder. Das lastende Unausgesprochene bleibt der durch den Bruder begangene Mord an der Piperkarcka. Trieb bei Frau John, rasende Liebe zum Manne, Muttertrieb.

V Akt.

Im Zimmer des Maurerpoliers. Seine Frau mit dem Kinde ist auf's Land zur Schwester hinaus. John ist allein. Baron kocht den Kaffee. Maurerpolier aufgeräumt, erzählt ahnungslos dass seine Frau mehrmals habe müssen zur Polizei gehen.
Quidde kommt mit Silberstein. Sie bringen lachend eine Zeitungs Notiz. Die Geburt eines Kindes auf dem Kostüm Boden.
Jetzt rast der Direktor herein. Er tobt. Seine Tochter sei auf der Polizei vernommen. Eine gewisse Frau Kielbacke habe wilde Aussagen gemacht. Es solle sogar mit einem Morde zusammenhängen. ›Sie haben eine [!] Rendezvous mit meiner Tochter gehabt
Sagen Sie mal wo ist Ihre Frau. – (zu John) – Ihre Frau hat bei der ganzen Geschichte scheint's eine mystische Rolle gespielt. [‹] John berichtet wo sie ist.
Walpurga kommt. Sie zittert. Ist entsetzt, ist vernommen worden. Sie fällt vor Angst Quidde um den Hals: ich hab' nichts getan, ich hab' nichts getan.
Nun kommt ein Criminal Schutzmann, der einen Hund an der Leine führt. (?) Der Hund hat eine Spur hierher aufge-

nommen Verhör mit John wobei alle Anderen sich entfernen müssen.
Die Fragen des Schutzmanns betreffen den Bruder der Frau John. Der Criminal Mensch schreitet in seinem Verhöre fort, spricht von der Ermordung eines Dienstmädchens Piperkarcka und wie der Verdacht sich auf den Bruder richte.
Johns Unschuld leuchtet ein. John denkt aber noch nicht an den eigentlichen Tatbestand. Erzählt dass Bruder ihm gestern seltsam erschienen wäre
Der Criminalist geht ohne den Verdacht der Kindesunterschiebung berührt zu haben.
Nach einiger Zeit kommt Frau John ohne das Kind. Jetzt inquirirt sie der Mann. Eine schwere entsetzliche Scene. Schliesslich gesteht die John.
Tiefe Festigkeit, tiefe Erschütterung des Mannes. Er wird sofort gehen Anzeige machen.
Frau John ist einen Augenblick nach dem Bekenntnis irrsinnig. Sie glaubt ein Kind an der Brust zu haben.
John bemerkt es und ist umgewandelt. Seine ganze Liebe bricht hervor.
Da wird heftig an die Tür geklopft.
John öffnet. Polizei drängt ein gefolgt vom Direktor, Quidde, Silberstein und dem Baron
Sie stehen erschüttert vor einer unantastbaren Irrsinnigen«

Zit. nach einer Reproduktion in: Gerhart Hauptmann. »Die Ratten«. [Programmheft] Schauspiel Köln 1985/86. S. 41–43.

Auf dieser Basis erstellte Hauptmann bis Mitte September 1909 eine komplette fünfaktige Fassung, an deren Schluß Frau John »irrsinnig« wird. – Schon am 29. August teilte er Otto Brahm mit:

»›Die Ratten‹, Tragikomödie, kann, wenn Du es für gut findest, veröffentlicht werden – (Berliner Tragikomödie) –

[...] Keinesfalls werde ich wieder, wie mit ›Griselda‹, in den Frühlingsabgrund hüpfen.«

Briefwechsel Brahm – Hauptmann. S. 230.

Zur Publikation und zur Aufführung in der Spielzeit 1909/10 kam es jedoch nicht. Vielmehr nahm Hauptmann Ende Dezember / Anfang Januar eine erneute Umgestaltung vor, bei der die Akte IV und V zu einem neuen vierten Akt umgeformt wurden, an dessen Schluß Frau John durch Suizid (Sprung aus einem Fenster) endet. Unter dem 6. Januar 1910 ist im Tagebuch vermerkt: »Gestern, am 5. Januar, beendet: ›der Storch beim Maskenverleiher.‹ Tragikomödie in 4 Akten.« (Zit. nach: Skinner, S. 169.) Am 9. Januar erfolgte die Benachrichtigung Brahms:

»Die ›Ratten‹ sind umgetauft. Jetziger Titel: ›Der Storch beim Maskenverleiher‹. Dieses dürfte den Berlinern süß zu hören sein und bei starker Verwunderung einen Gaumenkitzel erregen. Das Stück ist übrigens nun rund abgeschlossen. [...] Ich glaube, man kann seiner starken Wirkung sicher sein [...]«.

Briefwechsel Brahm – Hauptmann. S. 231.

Die Aufführung wurde nach Absprache zwischen Hauptmann und Brahm auf die nächste Spielzeit verlegt. – Leidvolles persönliches Erleben war es, was dann im Sommer 1910 zu einer abermaligen Änderung der Konzeption führte. Am 9. Mai starb, zwei Tage nach der Geburt, Hauptmanns fünfter Sohn Gerhart Erasmus. Unter dem 10. Mai verzeichnet das Tagebuch:

»Die Seele selbst der vollkommen glücklich liebenden Frau wird auf die Dauer nicht erfüllt durch den Mann. Auch nicht durch das erwachsene Kind. Ganz erfüllt, ganz reich, wird sie nur durch neue Mutterschaft und durch den Säugling, der zum Baby heranwächst und so fort. Das erst macht ihre Seele voll lebensfähig: sonst ist sie gewissermaßen verarmt. Es kann sein, daß sie selbst nicht weiß, wie verarmt sie ist. Sie fühlt es im neuen Wochenbett, wie verarmt sie war. Sie behält das Bewußtsein davon lange, wenn Mißgeschick ihr den Säugling wieder entreißt. In manchen Frauen schläft die Mutter. Sie müßte in allen erwacht sein. Die Mutteraufgabe ist furchtbar, ist gefahrvoll und reich! Die Mutter ist mit Seele und Leib immer um den Quellpunkt des Lebens beschäftigt. Um ein Eingangstor und ein Ausgangstor.«

Weitere Eintragungen aus der Zeit vom 11. Mai bis zum 14. Juli 1910:

»Grete weint. Sie erfährt von mir gestriges Begräbnis. Sie wünschte Härchen des Kleinen. Sie sagt: er fehlt mir überall. [...] Grete sagt, mit Bezug auf das Kind: Man sucht es immer. Man will ihm irgendetwas abbitten. [...] Ich hänge noch so zusammen mit dem Wesen, sagt Grete. [...] Grete träumt. Kinder treiben Unfug um das kleine Grab, werfen Schollen danach, Steine. Es ist, als wollten sie ihr das Eigentum wegnehmen, austilgen, selbst aus der Erinnerung. [...] Gretens Träume. Sie ist immer tief beschäftigt. Sie geht in den Garten. Sieht Kinderwagen stehen. Nanu, sagt sie, ich denke, das Kind ist tot. Wir haben es in die Sonne gestellt, sagt Frau Luchte [?] und Schwester Emmy (die noch da ist). In der Sonne hat es wieder zu atmen angefangen, ist wieder lebendig geworden.«

Zit. nach: Peter Sprengel: Die Wirklichkeit der Mythen. Untersuchungen zum Werk Gerhart Hauptmanns aufgrund des handschriftlichen Nachlasses. Berlin: Erich Schmidt, 1982. S. 300 f.

In sämtlichen bis Januar 1910 entstandenen Fassungen war es der schmerzliche Verlust der Pflegetochter Lieschen, der zur Motivierung der übersteigerten Mutterliebe der Frau John diente. Die ab Anfang Juni – unter dem Titel »Mutter Johns Kindbett« – erarbeitete neue Konzeption sieht demgegenüber den Tod eines leiblichen Sohnes vor, wie folgende Aufzeichnung dokumentiert:

»Frau John hatte lange kein Kind[,] dann kam das Kind: starb[.] Dann kam der Knax. – nun wird sie verbrecherisch um eignes Kind. Ihre Verbrechen sind quasi ihre Geburtswehen: dadurch hat sie das Kind zu ihrem eignen gemacht.«

Zit. nach: Ziesche. S. 247.

In der bis Ende Juli abgeschlossenen neuen Fassung endet Frau John im Wahnsinn. Die im Tagebuch festgehaltenen Träume und Trauerphantasien seiner Frau Margarete hat Hauptmann – wie zuerst Peter Sprengel nachgewiesen hat – teilweise wörtlich in Akt IV (Dialog Frau John / Spitta / Walburga) und Akt V (Eingangsszene) integriert. – Als Kontrastfigur zu der aus dem Verlangen nach einem Kind zur ›Verbrecherin‹ werdenden Henriette John wurde nun die Gestalt des Pfarrers Quidde/Spitta neu eingeführt. Übernommen ist dieser Repräsentant lebensfremder Kirchenfrömmigkeit aus einem 1906 entstandenen Dramenfragment, an das Hauptmann sich im Zusammenhang des neuerlichen Umgestaltungsprozesses erinnert haben dürfte (CA IX,297–324). Das Fragment trägt den Titel »Mutterschaft« (!) und präsentiert den gegen »Unzuchtsmoral« eifernden Hauptpastor Klein, der seine hilflose Tochter, die ein außerehelich empfangenes Kind erwartete, verstoßen und dadurch in den Selbstmord getrieben hat. Das entspricht ziemlich genau den Schilderungen des jungen Spitta über das Schicksal seiner Schwester (s. die Aussagen gegenüber Walburga in Akt II und IV). Neben der Figur des Pastors wurde im Sommer 1910 auch die des Hausmeisters neu in das Personal der Tragikomödie aufgenommen. Den Namen ›Quaquaro‹ hatte Hauptmann im Dezember 1909 zunächst für das Malermodell einer in Rom spielenden Komödie vorgesehen (s. CA IX,401).

»Am 10ten Ratten Brahm vorgelesen«, notierte Hauptmann am 12. August 1910 im Tagebuch. Im folgenden Brief Otto Brahms vom 15. August geht es primär um den Aufführungstermin:

> »Die ›Ratten‹ haben mich in der Lektüre fest zwischen die Zähne genommen, gepackt, möcht ma sprechen; und ich habe vielem Einzelnen besser, geduldiger folgen können, als am Mittwoch [10. 8.]. Ich freue mich sehr über dies Werk deiner reifen Kraft, und daß ich es dem lieben Publikum übermitteln darf. Sessa, wie Miss Cox sagt.
> Wir denken am 10. Sept. ›Einsame Menschen‹ zu bringen, am 1. Okt. ›Wenn der junge Wein blüht‹[5]. In beiden Stükken ist die [Else] Lehmann. Ich muß ihr danach eine Pause gönnen, und die nächste Rolle dann würde die John sein. Solange Björnsons ›Wein‹ blüht, wird man sie etwas schonen müssen, da schon die Proben zu den ›Ratten‹ sie sehr hernehmen werden. Der ›Wein‹ hat überall gut gefallen, ich darf also ihn als eine ›Nummer‹ taxieren, mit guten Chancen. Daraus folgt, daß ich die ›Ratten‹ nicht vor Ende November bringen zu können glaube, es könnte aber auch einige Wochen später noch werden. Genaueres hoffe ich dir in der ersten Hälfte des Oktober sagen zu können. Falls du jetzt einen Vertrag schließen willst, würde ich bitten, als Termin einzusetzen: spätestens im Januar.
> Über das Manuskript erwarte ich deine Bestimmung [...].«
>
> Briefwechsel Brahm – Hauptmann. S. 231 f.

Am 20. August teilte Hauptmann dem ihm befreundeten Maler Ludwig von Hofmann mit:

> »›Die Ratten‹, jene Amphibien, die sich Deines Respektes zu erfreuen hatten, sind fertig und in Freund Brahms Hand. Sie haben sich aber inzwischen mindestens zu Meer-

5 Letztes Bühnenstück des norwegischen Dichters Björnstjerne Björnson (1832–1910).

schweinchen ausgewachsen. Das Stück ist ein Ding geworden, das, wie ich festgestellt habe, von ›mimischer Ironie‹ durchdrungen und also eigentlich ein moderner ›Mimus‹ ist.«[6]

Gerhart Hauptmann – Ludwig von Hofmann. Briefwechsel 1894–1944. Hrsg. von Herta Hesse-Frielinghaus. Bonn: Bouvier, 1983. S. 86.

Hauptmann ließ Brahm wissen, daß er die Aufführung im Oktober wünsche und als letzten Termin allenfalls den 10. November akzeptiere. Brahm antwortete am 23. August:

»Lieber Hauptmann,
es tut mir aufrichtig leid, daß meine motivierte Erklärung über den Aufführungstermin der ›Ratten‹ am Less.-Th. dich nicht befriedigt, und ich will versuchen, mich dir nochmals deutlich zu machen, hoffentlich mit besserem Erfolg. Daß ich jeden deiner Wünsche zu erfüllen glücklich wäre, betone ich nicht erst; ich setze es als bekannt, als resultierend aus meiner Verehrung und Freundschaft für dich ohne weiteres voraus.
Du wunderst dich, daß ich dir nicht den Okt. ›ohne weiteres einräume‹ Ich konnte das nicht, weil die Dispositionen, die schon getroffen waren, getroffen sein *mußten*, nicht so kurzerhand zu ändern waren. Dein Stück besitze ich seit grade 14 Tagen, das von Bj[örnson] seit mehr als einem Jahr! Es ist in voriger Saison über alle großen Bühnen gegangen, mit starkem Erfolg, nur Berlin, nur ich habe es noch nicht gespielt. Eine Verschiebung auf diese Spielzeit wurde bewilligt, aber dafür, mit Recht, auch der frühestmögliche Termin nun verlangt. [. . .] Ich kann heute nicht wissen, wie der Bj. ›einschlägt‹; ist es nichts damit, so haben wir ja freie Bahn, und deine November-Premiere läuft glatt vom Stapel; *ist* es aber etwas, dann muß ich dich in

6 Anm. der Herausgeberin: »Der antike Mimus war eine derbe, teilweise improvisierte volkstümliche Darstellung alltäglichen Lebens. Hauptmann stützt sich auf Hermann Reich, Der Mimus, Ein literar-entwicklungsgeschichtlicher Versuch, Bd. 1, T. 1–2 Berlin 1903.«

Gottes Namen um ein paar Wochen Geduld bitten – ist denn das wirklich geeignet, einen casus belli zu statuieren? (Weiß der Deubel, warum ich heut soviel Fremdwörter gebrauche, ich bin zwar Direktor, aber doch nicht Hassenreuter.) [...] – Also was irgend möglich ist, geschieht gern und freudig; aber setze mir bitte nicht das Pistol des 10. November auf die Brust, der noch dazu Schillers Geburtstag ist.
Sollten dir auch diese Auseinandersetzungen nicht genügen, so schlage ich eine telefonische Unterhaltung Anfang Sept. vor, da geht's dann hoffentlich besser. Ich hatte, dein Einverständnis voraussetzend, die ›Ratten‹ an Lessing[7] geschickt, der sicher sehr mit dem Stück sich befreunden wird; von ihm erhälst du es umgehend. Mir ist das Werk in der Erinnerung nur noch gewachsen, und ich erhoffe von ihm eine starke, nachhallende Wirkung (besonders, wenn du meinem von dir so freundlich eingeschätzten Urteil noch bei den Strichen etc. folgst); schon aus diesem Grunde werd' ich dem Stück den denkbar besten Platz aussuchen, unsere Interessen laufen da wirklich ganz konform.«

Briefwechsel Brahm – Hauptmann. S. 234 f.

Unter dem 20. September notierte Hauptmann im Tagebuch: »Las Ratten vor, gestern, werde letzten Akt umändern«; und in einem undatierten, wahrscheinlich am selben Tag von Berlin aus an den Sohn Ivo gerichteten Brief heißt es:

»Es ist, als ob man Kitt an den Füssen hätte. Wir können nicht nach Paris kommen. Nach Vorlesung meines Stükkes, ›Ratten‹, hier, fand ich, dass ich den Schlussakt noch einmal machen muss. Da Brahm das Werk im November bringen will, muss die Redaction, oder Neuschrift, bald geschehen. Ergo muss ich arbeiten und kann nicht nach Paris. Schade! sehr schade! Möglicherweise reisen wir wie-

7 Emil Lessing, Brahms Regisseur am Lessing-Theater, der mit der Einstudierung der »Ratten« beauftragt wurde.

der nach Portofino wo ich, wie ich sicher weiss, Arbeitsruhe habe.«

Zit. nach einer Reproduktion in: Ivo Hauptmann: Bilder und Erinnerungen. Hamburg: Seehafen-Verlag Erik Blumenfeld, 1976. S. 47.

Brahm hatte also offenbar beim Zusammentreffen am 19. September den November als Premierenmonat zugesagt. Aber die Arbeiten zur Revision des fünften Aktes – jetzt erneut mit dem Suizid der Frau John als Schluß – erstreckten sich bis weit in den Oktober. Das dokumentiert u. a. die Eintragung im Tagebuch unter dem Datum 19. Oktober: »Sestri-Fahrt mit Hofmanns. Gestern las ihnen Ratten mit neuem Schlussakt« (zit. nach: Skinner, S. 170). Tatsächlich fand die Uraufführung am 13. Januar 1911 statt.
Den Druck besorgte die Spamersche Buchdruckerei in Leipzig. Die Fahnenabzüge[8], die, halbiert, als Regiebuch dienten und auch der Zensurbehörde eingereicht wurden, überliefern die Schlußszene des Stücks in einer gegenüber der Buchausgabe abweichenden Version (s. Kap. II: Varianten des Schlusses). Hauptmann muß sich also nach Ablieferung der Satzvorlage an die Druckerei entschlossen haben, das Finale noch einmal umzuschreiben. Zu den letzten Änderungen gehören auch einige Texterweiterungen, die im Regiebuch handschriftlich eingetragen sind. Dabei handelt es sich u. a. um die

8 Das Titelblatt trägt den Vermerk »Zweite Auflage«. Dazu Charles Skinner (Anm. 3): »Perhaps the designation ›zweite Auflage‹ was used by the printer or Fischer to distinguish this version from an earlier one« (S. 171). Diese Vermutung wird zur Gewißheit durch eine Tagebucheintragung des am Burgtheater in Wien wirkenden Hugo Thimig. Dieser notierte unter dem Datum 17. Oktober 1910: »Gerhart Hauptmann's neue Tragikomödie ›Der Storch beim Maskenverleiher‹ (früher ›Die Ratten‹ genannt) gelesen. Erschreckender Rückfall in krassen Naturalismus. Ich fürchte, das Stück wird auf der Bühne übel aufgenommen werden. Bei uns stofflich unmöglich.« (»Hugo Thimig erzählt von seinem Leben und dem Theater seiner Zeit. Briefe und Tagebuchnotizen«, ausgew. und eingel. von Franz Hadamowsky, Graz/Köln 1962, S. 193.) Bühnenmanuskripte – wahrscheinlich von der Ende Juli 1910 fertiggestellten Fassung – müssen demnach vor dem 17. Oktober angefertigt und auch versandt worden sein.

kleine Szene (in Akt II), in der Frau John, als sie für Spitta einen Schlips heraussucht, eine Haarlocke ihres verstorbenen Adelbertchen findet, sowie um den Ausruf am Schluß des vierten Akts: »Ick bin keen Merder! Ick bin keen Merder! Det wollt ick nich!«[9]

Damit ist der Entstehungsprozeß der »Berliner Tragikomödie« abgeschlossen, die Genese des Werks, das Kurt Tucholsky 1922 ein »grandioses Stück« nennen wird, Thomas Mann 1949 das »vielleicht beste Stück« Gerhart Hauptmanns.

9 Vgl. Ingeborg Janich, »Interpretationen der Frau John. Studien zur Rezeptionsgeschichte von Gerhart Hauptmanns Tragikomödie ›Die Ratten‹«, Diss. Wien 1978, S. 16. Siehe auch Akt I, Anm. zu *weil … Adelbertchen, an de Bräune jestorben is*, S. 11.

IV. Dokumente zur Wirkungsgeschichte

»Ein scheußliches Machwerk, das hoffentlich vom Publikum abgelehnt wird!« – Diesen Schlußvermerk trägt die Zensurakte in der Theaterregistratur des Berliner Polizeipräsidiums, bei dem seinerzeit um die Erlaubnis zur Veranstaltung einer öffentlichen Theatervorstellung nachgesucht und dem das Textbuch (Pflichtexemplar) eingereicht werden mußte. Das entsprechende Blatt, das den Zensurvorgang für »Die Ratten« dokumentiert, enthält neben dem Genehmigungsvermerk des weiteren folgende Eintragungen:

> »Meines Erachtens empfiehlt es sich, von Streichungen abzusehen. Bei der Generalprobe wird darauf zu achten sein, daß die Schwangerschaft der Piperkarka (Siehe Seite 2) nicht in anstößiger Weise hervortritt.
>
> Klotz.

[Von anderer Hand:]

> Einverstanden

[Von anderer Hand:]

> M. E. muß der Name Hn. v. Madai
> den langjährigen Polizeipräsiden
> gestrichen werden! (Se. 80)

[Von der Hand des Polizeipräsidenten von Jagow:]

> ja, dies Bedingung.

[Von anderer Hand:]

> Name »Madai« auf Anordnung gestrichen. 11/1«

Staatsarchiv Potsdam. Pr. Br. Rep. 30 Berlin C, Pol. Präs., Titel 74, Th. 678, Bl. 130R.

Das Zensurexemplar trägt auf dem Titelblatt folgenden Genehmigungsvermerk (Stempelvordruck, handschriftliche Eintragung):

»Genehmigt für das Lessing-Theater mit Ausnahme des von der Direktion selbst Gestrichenen (schwarze Tinte) und des rot Gestrichenen Seite 80.
Berlin, den 11. Januar 1911
Der Polizei-Präsident.«

Landesarchiv Berlin. Pr. Br. Rep. 30 C, Nr. 4961b.

Über das »rot Gestrichene Seite 80« (Akt III, Dialog Hassenreuter/Schierke) informiert ein Zeitungsbericht mit der Überschrift »Der gestrichene Polizeipräsident. Ein Zensurverbot gegen Hauptmanns ›Ratten‹«:

»Die Direktion des Lessingtheaters schreibt uns: Eine *Stelle* in Gerhart Hauptmanns ›Ratten‹ ist *von der Zensur gestrichen* worden; die Direktion sieht sich veranlaßt, gegen diese Verfügung zunächst *beim Bezirksausschuß* aus prinzipiellen Gründen *Klage zu erheben*. Im dritten Akt sagt Direktor Hassenreuter:

›Erleide ich eine Schädigung, so *wende ich mich an den Polizeipräsidenten; ich bin mit Herrn v. Madai gut bekannt.*‹

Der Polizeipräsident hat nun die Worte: ›*Ich bin mit Herrn v. Madai gut bekannt*‹, *gestrichen*, in der Premiere wurden sie dennoch gesprochen, aber auf erneute Reklamation seitens der überwachenden Polizeiorgane von der zweiten Vorstellung ab weggelassen. Da der Name anderer bekannter Persönlichkeiten in den Ratten mit Erlaubnis des Polizeipräsidiums genannt werden darf: zum Beispiel *Bebel*, *Liebknecht*, *Virchow*, *Kaiser Wilhelm*, *Jesus Christus*, so erscheint der Direktion des Lessingtheaters dieser Zensurstrich als *Willkür*, um so mehr, als die ständige Rechtsprechung des Oberverwaltungsgerichts ein Eingreifen der Polizeizensur nur *aus dringenden ordnungs- und sittenpolizeilichen Gründen* gestattet.
Inwieweit dies hier zutrifft, werden die Gerichte zu entscheiden haben; inzwischen wird an Stelle des verbotenen

Namens v. Madai auf Vorschlag von Gerhart Hauptmann der Name ›*Baron von Krawutschke*‹ eingesetzt werden, gegen den aus ordnungs- oder sittenpolizeilichen Gründen, wie die Direktion des Lessingtheaters annimmt, nichts einzuwenden sein wird.«

Berliner Tageblatt und Handelszeitung. Nr. 30. 17. Januar 1911.

Das angerufene Bezirksgericht entscheidet am 30. Mai 1911 zugunsten der Direktion des Lessing-Theaters. Das dokumentiert ein Nachtrag auf dem (im Dezember 1910 eingereichten) Pflichtexemplar, der im Dezember 1916 anläßlich der Neuinszenierung an der Berliner Volksbühne vorgenommen wird: »Der Strich S. 80 ist infolge des Erkenntnisses des Bezirksausschusses vom 30. 5. 01 [!] aufgehoben. Berlin, d. 13. 12. 16.«

Über das »von der Direktion« – also Otto Brahm – »selbst Gestrichene« (Genehmigungsvermerk) informiert Ingeborg Janich, die das der Uraufführung zugrunde liegende, heute in der Handschriftenabteilung der Staatsbibliothek Preußischer Kulturbesitz, Berlin, aufbewahrte Regiebuch untersucht hat:

»Im Gegensatz zu anderen Werken Hauptmanns hat Brahm ›Die Ratten‹ stark gekürzt, eine Tatsache, die in einigen Kritiken positiv erwähnt wird [...]. Beinahe in jeder Szene wurden einzelne Wörter bis ganze Absätze gestrichen. Alles, was den Gang der Handlung verschleppen konnte, Nebensächlichkeiten, reine Zustandsschilderungen und Wort- und Satzwiederholungen, fiel dem Blaustift zum Opfer. Im ersten Akt wurden in der Szene Hassenreuter mit Alice Rütterbusch fast alle Schilderungen der momentan ungünstigen beruflichen Situation der beiden gestrichen. Im zweiten Akt wurde sowohl der Dialog vor der Überreichung der Sparbüchse durch die beiden Schauspielschüler, Spittas Schilderung seiner Rettungsaktion und Anprangerung der heuchelnden Christen und seine Unterredung mit Walburga, als auch die darauffolgende Auseinandersetzung Frau Johns mit Pauline Piperkarcka stark gekürzt. Das Streitgespräch zwischen Hassenreuter und Spitta um die Schauspielkunst, die Szene mit Pastor Spitta, selbst der kurze Auftritt Frau Johns und die Schlußszene des dritten Aktes wurden gerafft. In der Abschiedsszene zwischen Frau John und Bruno wurden, ebenso wie in der großen Auseinandersetzung des fünften Aktes, alle Sätze gestrichen, die sich darauf bezogen, ob Piperkarcka Brunos Geliebte gewesen wäre. Die Sätze Johns, die erst nach dem Zusammenbruch des deutschen Reiches und dann wieder nach dem Zweiten Weltkrieg sehr aktuell wurden: ›Horchen Se ma, wie det knackt, ... Allens is hier morsch! ... Allens unterminiert, von Unjeziefer, von Ratten und Mäuse zerfressen! Allens schwankt! Allens kann jeden Oojenblick bis in Keller durchbrechen‹ [Akt V], wurden eliminiert. Das letzte Wort in dieser Tragikomödie hatte Frau Hassenreuter: ›Ja, Mutter! Mutter! – Weiß er, was eine Mutter ist.‹[1] Nur aus der gestrichenen von Selma gestammelten Meldung hätte das Publikum der Uraufführung erfahren können, daß Frau John tot auf der Straße lag.«

Ingeborg Janich: Interpretationen der Frau John. Studien zur Rezeptionsgeschichte von Gerhart Hauptmanns Tragikomödie »Die Ratten«. Diss. Wien 1978. S. 15 f.

Die Einstudierung hat Brahm an Emil Lessing delegiert. Die Uraufführung findet am 13. Januar 1911 in Anwesenheit Hauptmanns statt. – Der Hauptmann-Forscher Carl Friedrich Wilhelm Behl berichtet:

»Ich sehe sie noch vor mir, als sei es erst gestern gewesen: die Uraufführung der ›Ratten‹ im Lessingtheater zu Berlin. Es war – an einem Januarabend 1911 – die letzte Hauptmannpremière im Hause Otto Brahms, seines Entdeckers,

1 Vgl. Kap. II (Varianten des Schlusses), S. 60, sowie Paul Schlenthers Kritik zur Uraufführung, S. 90.

Freundes und Kampfgefährten durch mehr als zwei Jahrzehnte. Und noch einmal standen die ersten Hauptmannspieler im Rampenlicht, sie, die soviele Siege für den Dichter und die das deutsche Theaterleben revolutionierende Dramatik seiner Frühzeit errungen hatten. Emanuel Reicher spielte den ehemaligen Theaterdirektor und Maskenverleiher Hassenreuter im parodierten Possartton,[2] Gustav Rickelt den Pastor Spitta, Heinz Monnard den Bruno Mechelke, Hans Marr den Maurerpolier John und die große Else Lehmann, einst mit ihrem Dichter zugleich im Sonnenaufgangsdrama entdeckt, später seine erste Rose Bernd, seine erste Griselda und für alle Zeit seine unsterbliche Wolffen, sie beseelte nun auch die tragische Volksgestalt der Mutter John, die sich ihr Mutterglück stehlen muß und daran zugrunde geht, mit der elementaren Leidenschaft ihrer natürlichen Menschlichkeit ...«

Carl Friedrich Wilhelm Behl: Die Bühnenlaufbahn der »Ratten« (Ms.). Zit. nach: Bernhard Zeller (Hrsg.): Gerhart Hauptmann. Leben und Werk. Gedächtnisausstellung des Deutschen Literaturarchivs zum 100. Geburtstag des Dichters im Schiller-Nationalmuseum Marbach a. N. Stuttgart 1962. S. 177 f.

Außer den von Behl genannten Schauspielern wirken bei dieser Aufführung mit: Paula Eberty (Frau Hassenreuter), Paula Somary (Walburga), Kurt Stieler (Erich Spitta), Paula Menari (Alice Rütterbusch), Oskar Fuchs (Nathanael Jettel), Paul Marx (Käferstein), Karl Rudoff (Dr. Kegel), Hilde Herterich (Pauline Piperkarcka), Mathilde Sussin (Sidonie Knobbe), Clara Gernod (Selma), Bruno Zierer (Quaquaro), Margarete Albrecht (Frau Kielbacke) und Paul Pauli (Schierke).

2 Ernst von Possart (1841–1921), Schauspieler und Theaterleiter; ab 1887 am Berliner Lessing-Theater, 1895–1905 am Münchener Hoftheater. Als Schauspieler wirkte er »durch rhetor.-pathet. Deklamation, seelenlose Perfektion, die sich zur affektierten Unnatur steigerte« (Christoph Trilse [u. a.], »Theaterlexikon«, Berlin 1977, S. 423).

Der mit Hauptmann befreundete Großindustrielle und spätere Minister Walther Rathenau notierte unter dem 12. und 13. Januar 1911 im Tagebuch:

»Donnerstag. Mittags Hauptprobe ›Ratten‹. Starker II. Akt, Gefahren wegen komplizierter Handlung – drei kleine Kinder – und Doppelfabel, deren heitere Seite schwächlich. Vorzügliches Spiel der Lehmann. [...]
Freitag. Premiere Ratten. Teilweiser Erfolg, besonders nach II. Akt. Nachher [Hotel] Adlon. Diffuse Stimmung. Unterhaltung mit [Hans] Kyser, Ivo und Gerhart Hauptmann.«

Walther Rathenau. Tagebuch 1907–1922. Hrsg. und komm. von Hartmut Pogge von Strandmann. Düsseldorf: Droste, 1967. S. 122.

Zusammengestellt sind nachfolgend zunächst Berichte über die unmittelbare Reaktion des Publikums der Uraufführung und im Anschluß daran einige kritische Hinweise zur Inszenierung.

Telegramm der »Neuen Freien Presse«, datiert »Berlin, 13. Januar«:

»Warum diese Berliner Tragikomödie ›Die Ratten‹ heißt, hat wohl niemand ergründet, der der heutigen Première beiwohnte. Das neue Werk Hauptmanns bildet leider nur eine neue Bestätigung für den Niedergang von seinem Talente. Es ist langweilig und verworren, nur hie und da erinnert eine Szene daran, daß Gerhart Hauptmann einst eine der Hoffnungen des deutschen Dramas war.
Die besten Schauspieler des Lessing-Theaters setzten für Hauptmanns neues Werk all ihre Kräfte ein. Else Lehmann spielte die Frau John, Emanuel Reicher den Theaterdirektor. Der Beifall nach den Aktschlüssen war schwach, und man darf von einem Erfolge wohl nicht sprechen, wenn auch nach Schluß des Stückes die Anhänger Hauptmanns im Hause blieben und dem Autor die bei jeder seiner Pre-

mièren in Berlin üblichen Ovationen brachten. Hauptmann erschien mehrmals vor dem Vorhang und verbeugte sich mit zufriedenem Lächeln vor seiner jubelnden Gemeinde.«

Neue Freie Presse (Wien). Nr. 16666. Morgenblatt. 14. Januar 1911.

»Vor der Bühne« (gezeichnet »as.«):

»Als Hauptmann gestern abend vor dem Vorhang erschien – er konnte *sechsmal den Hervorrufen Folge leisten* – sah man, daß sein Scheitel nun schon lebhaft zu ergrauen beginnt. Und wie der Dichter älter geworden, so ist auch seine Gemeinde herangereift, in die rangierte Lebenssphäre des mittleren Lebensalters hineingewachsen. [...] Heute sitzt die Garde der unbedingten Hauptmannenthusiasten nicht mehr auf der zweiten Galerie, sondern sie ist in den bourgeoisen Regionen des Parketts und den feudalen Gefilden des ersten Ranges verteilt. Aus diesen vornehmen Gegenden klang gestern der starke und ehrliche Beifall, der Hauptmann ein halbes Dutzend Mal an die Rampe rief, besonders kräftig. Und es war gut, daß nur eine schüchterne Opposition zu bekämpfen war, denn der Frackmensch im ersten Rang und Parkett vermag beim besten Willen nicht mehr so stark zu klatschen, wie der begeisterte Jünger im Straßenanzug auf der zweiten Galerie. [...]
Wenn man in den Pausen den Blick von der Bühne zum Zuschauerraum wandte, sah man das bekannte Bild der Hauptmannpremiere: ein ungewöhnlich elegantes Publikum, in dem man viele bekannte Berliner Persönlichkeiten und manchen Vertreter der Theaterwelt im Reich erblickte. [...] Nach Schluß der Aufführung entfaltete sich auf dem Platz vor dem Lessingtheater ein ungeheurer Automobilkorso, wie er in Berlin nur sehr selten und bei ganz großen Ereignissen zu sehen ist.«

Berliner Tageblatt und Handelszeitung. Nr. 25. 14. Januar 1911.

JOSEPH JELLINEK:

»Ein Theaterdirektor, der so künstlerisch arbeitet, wie Dr. Otto Brahm, läßt seine Darsteller nach den Aktschlüssen nicht vor den Vorhang: auch der Autor darf erst nach Schluß des Stückes erscheinen. Gerhart Hauptmann wurde unzählige Male gerufen. Freilich gab es auch Anhänger der literarischen Anschauung des ehemaligen Theaterdirektors Hassenreuter: sie versuchten den Applaus etwas niederzuzischen. Aber die Anhänger der Meinung des Schülers waren doch in der Mehrzahl. Sie erkannten in Gerhart Hauptmann trotz der teilweise zerflatternden Szenen den wirklichen Dichter, der einen ganz wundervollen zweiten und einen stillen und feinen dritten Akt schrieb und es wiederum vermochte, mit den Schicksalen unbedeutender Menschen sozial Glücklichere zu fesseln und zu packen. Wir haben immer auf eine wahrhaftige Tragikomödie gewartet: jetzt haben wir sie!«

Augsburger Postzeitung. Nr. 15. 19. Januar 1911.

HERMANN KIENZL:

»Zu einem eigentlichen Kampf kam es bei der Aufführung der ›Ratten‹ nicht. Die Regungen der Opposition wurden vom Beifall rasch erstickt. Als nach dem letzten Akte Gerhart Hauptmann selbst an der Rampe erschien, verstummte jeder zischende Widerspruch. Nur mischten sich in die Hauptmann-Rufe, vielleicht nicht ohne kritische Absicht gegen den Dichter, laute Huldigungen für die grandiose Künstlerin, der es, dem Hausgesetze zum Trotze, wahrhaft gebührt hätte, an des Dichters Seite zu treten, denn sie, Else Lehmann, hatte der schönen Menschlichkeit der Dichtung das vollkommenste Menschentum gegeben.«

Das Blaubuch (Berlin). Jg. 6. Nr. 3.
19. Januar 1911. S. 62.

Max Osborn:

»Die Aufführung des Lessing-Theaters hat von der darstellerischen Seite die Forderungen des Stückes fast ohne Rest beglichen. In der Hauptrolle wird keine Künstlerin Else Lehmann gleichkommen [. . .]. Dagegen blieb die Inszenierung Wesentliches schuldig. Der Garderobenspeicher hätte viel grotesker und phantastischer hergerichtet werden und dadurch die Wirkung zweier Akte bedeutend steigern können. Auch die Regie versagte wiederholt; am auffälligsten in dem schematischen Arrangement der Schlußszene.«

Berliner Morgenpost. Nr. 14. 14. Januar 1911.

Arthur Eloesser:

»Die Vorstellung hat das ihrige getan, um den Sinn des Stückes in dem trüben Unterirdischen festzuhalten, aus dem es sich wenigstens heraussehnt. Wo Hauptmann den Dialog auf sinnvolle Anspielungen oder Parallelen zu bringen sucht, hat eine mangelhafte Sprechkunst diese bescheidenen Spuren verwischt. Auch das Milieu, wie es gefühlt werden soll, kam nicht zu seiner richtigen Sprache. Die von außen eindringenden Geräusche der immer wispernden Mietskaserne artikulierten sich nicht zu einem zwingenden Bann, jede Beleuchtung wurde mit einer handfesten Technik von vorgestern hergestellt, und der Dachboden mit den Abenteuerlichkeiten des Fundus, die etwas Phantastik hergeben sollen, hielt sich in der Nüchternheit einer gleichgültigen Rumpelkammer. Die einzelnen Darsteller – ich überschätze diese Aufgaben nicht – hatten für sich Echtheit genug [. . .].«

Königlich privilegirte Berliner Zeitung von Staats- und gelehrten Sachen. Vossische Zeitung. Nr. 25. Morgen-Ausgabe. 15. Januar 1911.

Rudolf Klein:

»Gespielt wurde nicht schlecht; vielleicht, daß die Lehmann ein wenig zu weinerlich, zu rührselig, zu nervös die in der Anlage doch grobkantige Maurersfrau gab und dadurch der Absicht des Dichters eher schadete als nützte, indem sie diese Frau John zu weit von ihrem Zuhälterbruder abrückte, so daß sie eher die Schwester des biederen Mannes hätte sein können. Aber für all dies ist schließlich der Grund in der schwankenden und unausgeglichenen Charakterezeichnung des Dichters zu suchen. Ein Einwand wäre gegen die Regie zu erheben: das Wesentliche des Lokalcharakters in diesem Stück ist doch der Umstand, daß es teils im Erdgeschoß, teils unter den Dachsparren einer Mietskaserne sich abspielt: der Empfindung war man nie. Man glaubte sich stets im Souterrain eines Vorstadthauses. Gerade jenes aber hätte sichtbar gemacht werden müssen, etwa durch Durchblicke auf abgrundtiefe, lärmerfüllte Höfe, durch Geräusche von der Straße herauf.«

Hochland 8 (1910/11). Heft 6. S. 776.

Es folgen Auszüge aus den Besprechungen führender Kritiker.

Paul Schlenther, ein Förderer Hauptmanns und dessen Biograph:

»Die gute Absicht, alles Kriminalistische im Hintergrunde zu lassen und aus seelischen Symptomen, aus dem Verrate des bösen Gewissens die Tat der Frau ruchbar zu machen, führt zu Unklarheiten im Tatsächlichen. Diese Unklarheiten steigert noch etwas Fremdes, das sich breit und anspruchsvoll in die Analyse der Muttertragödie eindrängt. Der Dichter wollte die Komik auf den Weg der Tragik zurücklocken. [. . .] Harro Hassenreuter hätte ein besonderes Lustspiel verdient; er konnte so ein Seitenstück zum Kollegen Crampton[3] werden. Hier ist er bald Raisonneur, bald Statist, bald störend. Freilich hat er das vorletzte Wort im Stück. Das vielumkämpfte Wickelkindchen liegt in sei-

3 Titelfigur von Hauptmanns erster Komödie »College Crampton« (Erstdruck und Uraufführung 1892).

nem blühweißen Steckkissen auf dem Kaffeetisch und schläft; die rechte, schlechte Mutter fand man ermordet am Spreeufer, die falsche, gute Mutter stürzt sich gerade zum Fenster hinaus. Da spricht der alte Schauspieler, der sonst immer die Tragik gewöhnlicher Leute leugnete, mit edler Gebärde: ›Wir haben das Haupt der Gorgo gesehen!‹ Das letzte Wort im Stück hat seine weißhaarige dicke, asthmatische, appetitliche Frau, die er gern betrügt: ›Was weiß der Mann, was eine Mutter ist!‹[4]

Es ist gut, daß dieses Wort am Schlusse steht. Denn in diesem Worte liegt alles Schöne, alles Dichterische im Stück, das oft schwach, oft hart, oft ungefüg gezimmert ist, mit buckelnden Anbauten und weitläufigen Nebenbauten; aber in diesem schweren Bau wohnt eine Fülle des Herzens, und gerade hier hat sich dem Dichter wieder seine älteste und treueste Verbündete mit der Wucht ihrer starken Seele in den Arm gehängt: Frau Else Lehmann. Vom strahlendsten Mutterglück durch alles Bangen, Sorgen und Ängsten, durch seliges Erinnern an längst vergangene schöne Jugend- und Liebeszeit, aber auch durch eine herbe Anklage gegen den Mann, dem seine Arbeit näher war als sein Weib, durch allen Trotz gegen das Feindliche, der auch handgreiflich werden kann, durch einen bitterzarten Lebensabschied vom Bruder, durch alle Verwirrungen des Gefühls, die schließlich zur halluzinatorischen Verirrung des Geistes führen, bis zum allerletzten Verzweiflungsschritt ging diese Frau unentgleisbar den Weg der Wahrheit und der Menschlichkeit. Jette John war Else Lehmann, und Else Lehmann war wieder eine schöne Dichtung Gerhart Hauptmanns.

Um sie herum stehen viele, zu viele Figuren. Nicht von jeder führt eine sichtbare Linie nach dem Mittelpunkt. Das hängt mit der Hyperepisode des Theaterdirektors zusammen, der noch einige Schüler, Kollegen und sogar einen dicken Landpastor nach sich zieht. Wenn die Darstellung

4 Vgl. Kap. II (Varianten des Schlusses), S. 60.

nicht so einheitlich wäre, wie im Lessingtheater, so könnte das böse Folgen haben. Denn die Komik drängt sich oft vor, wo sie nicht mehr am Platze ist. [...]
So sahen wir eine ganze Reihe lebendiger Menschen vorüberziehen. Wo aber blieben die Ratten? Das Titelsymbol ist schwach und schwach gedeutet. In dem Hause, wo die Mehrzahl dieser Menschen, alt und jung, rein und unrein, männlich und weiblich, dicht gedrängt beisammen wohnen, halb unter dem Dach, gibt es natürlich auch Ratten. Dort im ›Theaterfundus‹ des Direktors finden sie Seide und ›Seide schmeckt süß‹. Ratten benagen das Beste. Die Schwäche dieses Symbols ist ein Symbol der Schwächen des tiefsinnigen und buntbelebten Stücks, das durch Konzentration gewonnen hätte.«

Berliner Tageblatt und Handelszeitung. Nr. 25. 14. Januar 1911.

Alfred Kerr, einer der wohlwollendsten Hauptmann-Kritiker:

I.

»[...] Auch dieses Stück ist nicht fertig. Zuvieles ist ... nicht weggelassen. (Liebermann[5] sagt kennerisch: ›Zeichnen ist weglassen‹.) Und manches, was dasteht, ist (an Hauptmanns Mitteln gemessen) durchaus zweite Garnitur.
Die Esel sieht man schon lauern, ihm eins auszuwischen. Seit zehn Jahren. Und dieses Stück ist zwar stärker als seine letzten: aber schwächer als seine größten ... Mangel an Auslese; Mangel an Schlagendem (Schlagkraft innerlich genommen); an Rosinen. Kurz: vorwiegend zweite Garnitur ... im einzelnen.

II.

Dahinter und auf dem Grunde bewegt sich aber dunkel Starkes; Schichtenumspannendes; Wimmel-Umrisse; Staf-

5 Max Liebermann (1847–1935), seit 1884 in Berlin lebender Maler und Graphiker.

felungen; Leitungen einer Stadt. Bisweilen sieht man etwas wie auf und ab schwebende Förderkörbe.
Wieder nicht fertig: aber man denkt an einen ungeheuren Radierungszyklus mit Hochhäusern, Hofhäusern, Stadtstraßen, Stiegen, Küchen, Betten, abgehobenen Dächern. Mit den Trachten der Zusammengesperrten, ihrem Hin- und Herrennen nach dem Unterhalt, nach einer Spur von Wohlsein (mit einer erbärmlichen Familiarität, Wärmnähe, Kaffeelorke); mit Geliebe, Pech und etwas Glück und Schmutz und Zank und Idealismus und Trieb und Schwindelei und Verbrechen. Und in alledem als Mittelpunkt ein urhaftes Gefühl; ein erschütterndes, nicht vergängliches; noch die Niedrigkeiten dieser hinteren Stadtwelt überbrausend: Sehnsucht nach dem Muttersein.
Brausend. Zuletzt erstickt und zerröchelnd. Ein Gefühl, das alles rings totmacht, das bis zur Verwirrung und Blutschuld rast und erst mit dem Sein aufhört.
Ein Tobsuchtskampf: gefochten von einer Frau, die Mutter war, dann ihr Kind verloren hat und wieder eins haben will. Etwas Großes, Einfaches, Fanatisch-Empfundenes. Das Stück, versammelte Esel, zeigt Längen und ist von anfechtbaren Werten und hat . . . sozusagen starke Stellen, die matt sind.
Aber es gibt keinen, der mit ähnlicher Großartigkeit im Drama Seelisches in Menschensiedelungen zeichnen könnte. Weder bei uns noch bei den Russen (die so viel von Hauptmann gelernt[6]); noch sonst irgendwo.

III.

Man hält ein paar Bewegungslinien fest. Eine hinabgehende Daseinsrichtung: der Maurersfrau – die aus Gier nach Mutterschaft, wenn auch scheinbarer, herumfährt, unter-

6 Vgl. etwa die Aussage Maxim Gorkis (1868–1936): »Hauptmann wirkte nicht nur höchst anregend auf das literarische Rußland, sondern hat eine direkte Hauptmannschule unter unsern dramatischen Dichtern erzeugt« (zit. nach: »Gerhart Hauptmann und sein Werk«, hrsg. von Ludwig Marcuse, Berlin/Leipzig 1922, S. 107).

schiebt, den letzten Schwindel treibt ... bis die Mitlebenden sie deshalb hinabstoßen.
Der Frau John, die ein nettes, tüchtiges, gutes Geschöpf ist und von ... von Erinnyen des Kasernenviertels geschleift, erschlagen wird. Mit ihrer Festheit, ihrer lebendigen Wachheit, ihrem Trieb, ihrem Löwenkampf, ihrem Verlassenwerden, ihren geistigen Pausen, ihrem Schreckensende. Alles, alles überschallt und überschattet von dem Hunger nach dem Kind.
Ein anfechtbares Stück; aber mit einem der stärksten Gebilde dieses starken Bildners. Wandelnd und sprechend geworden in Else Lehmann – der man einfach danken soll. Diesem Genie einer Volksschauspielerin.

IV.

Daneben die hinaufgehende Daseinsrichtung: der Familie des Theaterdirektors. Ein Emporsteigen. Ein Verkrachter, mit nicht sehr innerlicher Art, kann sich rappeln; er bringt die Seinen wieder ganz an die Oberwelt; unter die Sonne von Straßburg. Der Direktor Harro Hassenreuter versuchte schon damals, das Menschendrama zu vergeistlosen durch Volksfestspiele. Nun wird es ihm nicht fehlen. Sein Kind (die Darstellerin, Fräulein Somary, gab hier bewußt neben dem ... Idealismus einen Stich in die Schauspielerei ihres Vaters) – die Kleine wird ihren Kandidaten heuern; der hat sich durchgekämpft; es wächst etwas heran; der rückständige Kunstglaube des Alten mit dem Singpathos der Braut von Messina wird zum Schlichteren, Menschlicheren (wenn auch Komischen) im nächsten Geschlecht hingeführt werden [...].
Ein flaues und gewaltiges Stück. Von einem ungesammelten Meister.

[...]

VI.

Die Regie tat vor diesem schwer zu deichenden, auseinanderquellenden Werke Großartiges. Es ist nur hier darzustellen. Reicher, die (prachtvolle) Herterich, die Sussin,

Monnard, Stieler, Marr hatten Wendungen zu sagen, denen bei Hauptmann die letzte Echtheit fehlt. Die letzte, – die in seinen ausgetragenen Stücken wie aus der Pistole geschossen im Herzen der Dinge sitzt.
Das Ganze war trotzdem dieses Hauses würdig: wo seelisch Wichtiges seelisch ernst gespielt wird.«

Der Tag (Berlin). Illustrierter Teil. Nr. 13 (Ausgabe A). 15. Januar 1911. – © Niedieck Linder AG, Zürich.

Sechs Wochen später schreibt KERR – in Kenntnis von vernichtenden Kritiken wie der Maximilian Hardens (s. S. 97 ff.) – seine »Ratten-Glosse«, in der er noch einmal Stärken und Schwächen des Stücks diskutiert; hier lautet das Resümee:

»Matt, flau, unfertig, hinfällig, abgespannt ist vieles, das Meiste des Werkes; ein Verdruß mehr, nach allem Verdruß; nach allem Hasten, allem Leichtsinn, allem Schleudern, allem Willensmangel. Beschönigen wird es keiner, der Hauptmann liebt. Aber: die Bande soll sich ins Gedächtnis rufen, daß es ein Herrscher ist und ein Herrscher bleibt, der hier Schattenhaftes, Verschollenes, Zertrümmertes, Anfechtbares, Bleiches, Mißlungenes . . . und sehr Großes zeugt.«

Die Neue Rundschau 22 (1911). Bd. 1. S. 422. – Alfred Kerr: Gesammelte Schriften. Erste Reihe: Die Welt im Drama. Bd. 2. Berlin: S. Fischer, 1917. S. 250. – © Niedieck Linder AG, Zürich.

SIEGFRIED JACOBSOHN in der von ihm selbst begründeten Theaterzeitschrift »Die Schaubühne«:

»Hauptmanns Berliner Tragikomödie – wo man sie anfaßt, morsch in allen Gliedern! Sie ist nur gedacht, nicht gemacht. Ein beklemmender Anblick, diese zitternde Poetenhand unsicher kritzeln und mühselig stricheln zu sehen, was sie ehemals in klaren, festen, schönen Zügen hinwarf. [. . .]

Die Komik dieser Tragikomödie ist unfreiwillig. Karikaturen und Schatten, Bälge und Puppen torkeln zu abgeschmackten Possenszenen zusammen. Zum Teil haben diese ihren Unwert in sich; zum Teil dienen sie dazu, zwischen zwei nicht ganz überflüssigen Szenen die Brücke zu schlagen. So mangelhaft nämlich ist der Plan des Stückes, daß eine Fülle von zeitraubenden Hilfskonstruktionen nötig sind, damit überhaupt ein Stück entsteht. Figuren tauchen auf, locken einen einzigen (obendrein gleichgültigen) Charakterzug einer andern (dramatisch entbehrlichen) Figur an den Tag und verschwinden auf Nimmerwiedersehen. Aber Harro Hassenreuter bleibt, der angegraute Thespis, der im Dachgeschoß der ehemaligen Kavalleriekaserne, zwischen Rüstungen, Kostümen, Kränzen und Perücken, ein eitel-schwatzhaftes Kulissendasein ehebrechend und kunstschändend weiterführt. Mag es Blasphemie sein: wenn dieser Narr nicht aus der ›Pension Schöller‹[7] stammt, gehört er sicherlich hinein. Das Drama lebt von Kontrasten. Schön. Nur daß eine innere Beziehung auch zwischen den Kontrasten herrschen muß, daß nicht die Willkür eines ratlosen Poeten sie ersonnen haben darf. Was soll wohl damit bewiesen werden, was besagt es für das Drama und das Weltbild Hauptmanns, daß Familie Hassenreuter gerade steigt, als Jette John zugrunde geht? Es ist nichts als ein ausgeklügeltes Zusammentreffen, als ein Epigramm, aus dem keine Lehre, kein Sinn, keine Erschütterung, kein Lächeln und nicht einmal irgend ein grober Theatereffekt herausspringt. Das alles ist dumm, zufällig, unorganisch, unverzahnt, schludrig, geistlos und witzlos. Man ahnt, was es werden sollte; aber man sieht, daß es nichts geworden ist.

[...] Dramatik ist Wortkunst, und wenn Hauptmanns Drama einen kalt läßt, dem vor echter Kunst heiß zu werden pflegt, so wird das unter anderm daran liegen, daß es berlinisch, also in einer unechten Sprache geschrieben ist.

7 1889 erschienene Posse von Carl Lauffs (1858–1900).

Denn Hauptmann kann nicht berlinisch. Ich lebe seit meiner Geburt in Berlin, liebe Berlin, behorche und spreche Berlins Mundart und weiß, daß sie nicht Hauptmanns berlinische Mundart ist, die mit jedem dritten Satz mein Ohr beleidigt. Der Dichter muß dergleichen spüren. Er sucht seine Stimme, der er nicht genügend Nachdruck zutraut, durch alle möglichen Stimmen zu verstärken (was immer verdächtig ist): Glocken läuten, Regen rauscht, und Chöre wimmern. Bei jedem andern Autor würde man von billiger Stimmungsmache reden. Hier wäre das schon darum ungerecht, weil keine Stimmung aufkommt. Man empfindet diese ehemalige Kavalleriekaserne, von der behauptet wird, daß Ratten sie unheimlich machen, als einen kahlen, nackten, nüchternen und saubern Bau, der kein Geheimnis, keine Atmosphäre hat. Nicht einmal das. Vorgänge, die entweder undramatisch behandelt oder schon ihrer Natur nach undramatisch sind, werden auf einem Schauplatz, der keine Luft und keine Physiognomie hat, in einer Sprache vorgetragen, die nicht immer die Sprache der Kunst und des Lebens ist. Aber der Poet hat große Absichten gehabt. Beim ersten Drama würde man, wie gerne und wie laut, die Absicht grüßen. Beim einundzwanzigsten gilt die Gestaltungskraft.

*

Brahms Theater ist heut nicht mehr recht imstande, für den Dichter, dem was Menschliches begegnet ist, zu denken. Auch hier hatte jene Kavalleriekaserne kein Gesicht, keine Vergangenheit und keinen Dunstkreis ihrer Gegenwart. Die Bewohner und Besucher, das heißt: ihre Schauspielkunst schien teils unbeträchtlich, teils vorzüglich und teils ungenügend. [. . .] Außerhalb des Ensembles aber steht – nicht aus Unbescheidenheit, sondern selbstverständlich aus Genialität – die Lehmann. In ihrer Jette John, die wirklich mehr von ihr als von dem Dichter hat, ist Energie und Weichheit, überfließende Wärme und, wenns not tut, starre Kälte, naive Tüchtigkeit und Bravheit; all das aber ist in höchster Einfachheit zu einem proletarischen Heldentum gesteigert. Dieser treuen Kampfgenossin seiner einundzwanzig Kriegsjahre hat es Hauptmann zu verdanken, daß das letzte Treffen wenigstens mit einem Pyrrhussieg für ihn geendet hat.«

Die Schaubühne (Berlin). Jg. 7. Nr. 3. 19. Januar 1911. S. 60–62.

Maximilian Harden, der dem Autor des Weberdramas »saubere und sorgsame Künstlerarbeit« attestierte, Hauptmann ansonsten aber ablehnend gegenübergestanden hat:

»Ein Dutzendmelodrama, dem ein Philisterschwänkchen angeklebt ist. Das Ganze (wenn mans so nennen will) ohne innere Logik; die Handlung nicht von der besonderen Wesenheit deutlich erkennbarer Menschen determinirt; nirgends zu spüren, wie diese Menschen wurden, warum just so werden mußten. Die umständliche Hassenreuterei hat mit dem Kindsdrama nichts zu thun; und die erkünstelte Ortseinheit kann die beiden Welten kaum für einer Abendstunde Dauer in einander schachteln. Sollte gezeigt werden, daß Pfarrer (Spitta) und Komödiant (Hassenreuter) das Menschliche in dem Kind verkennen und drum leicht hassen, das dem Proletarier Glück (Paul und Jette), Lebensinhalt (Polin) oder Erwerbsmittel (Knobbe) ist? Dann mußte, was sichtbar und fühlbar werden sollte, gestaltet, nicht nur beredet werden. Wo man das Nothgebild packt, zerflatterts in stinkenden Dunst. [. . .] Auf Schritt und Tritt wird das Unwahrscheinlichste Ereigniß. Die Effektsucht einer Gattung, die einst als ›Volksstück mit Gesang‹ auf den Kundenfang ging; auch ihre Lüdertechnik. Wer das nächste Gespräch nicht hören darf, wird weggeschickt, wers belauschen soll, an die Dachluke gesetzt; Lücken der Handlung oder Charakteristik werden durch ›Episoden‹ ausgefüllt; gehts gar nicht weiter, so erzählt eine Kolportageheldin ihres Lebens und Liebens Geschichte. Das Stück könnte in seinen stillen Theilen von dem kraftlos betriebsamen Herrn Georg Hirschfeld[8], in seinen lauten von dem Weltanschauer Sudermann[9] sein. An den fein fühlenden Poeten Hauptmann erinnert nur die Sprache. [...] Ob in Berlin, gar von strebsamen Bauaufsehern, jemals so gesprochen wurde? Doch richtig oder falsch: nur an die Sprache ist ernste Sorgfalt gewandt worden; nur die Sprache täuscht manchmal da noch Naturlaute vor, wo die Empfindung schlechten Schmökern der Spätromantik entlehnt sein könnte.

[...] Vor der Bühne die berliner Westfinanz und Großhändlerschaft in Smoking und Putzrobe; prächtig aufgeschirrte Mütter haben ihre jungen Töchter mitgebracht. Preis eines guten Platzes: dreizehn Mark und eine halbe. Auf der Bühne die John und die Knobbe; ein Zuhälter und eine Engelmacherin; ein von Kindsnoth geschütteltes Dienstmädchen und ein im Schmutz sterbender Säugling. Hinter der Bühne ein Dichter, dem der für seine schmalen Schläfen viel zu breit geflochtene Kranz vom Haupt in den Nacken gerutscht ist und wie ein Henkersstrick nun den Hals umdroht; den Mancher heute gern über das Weh fruchtloser Jahre hinwegtrösten möchte; den jeder Redliche aber warnen müßte, je wieder sich in so (nicht nur stofflich) Gemeines zu erniedern, mit kunstgewissenloser Lüdrianshast nach dem spröd fliehenden Glück zu haschen. Keinem gefällt das Stück, das ein in der Hauptstadt nie heimisch gewordener, längst ihr völlig entfremdeter Enkel schlesischer Weber für Luxusberliner schrieb und in dem Mutterleidenschaft um das Lager des einer leichtsinnigen Sklavenmagd abgelisteten Kindes verprasselt. Wohlfeiler Schmierenwitz hilft über öde Strecken und aus der Langeweile peitscht Ekel die fast schon Gelähmten auf.

8 Dramatiker, der sich zeitweise an Hauptmann orientierte; erfolgreich mit seinen naturalistischen Stücken »Die Mütter« (1895) und »Agnes Jordan« (1898).

9 Hermann Sudermann, als Verfasser bühnenwirksamer sozial- und gesellschaftskritischer Dramen (»Die Ehre«, 1889; »Sodoms Ende«, 1891; »Heimat«, 1893) ein Erfolgsautor.

Doch (wer weiß?) morgen erfährt man vielleicht, daß einem Genius wieder ein Meisterwerk entbunden ward: und hat das Pathengeklatsch als tauber Thor verpaßt.«

Die Zukunft (Berlin). Jg. 19. Nr. 18. 28. Januar 1911. S. 167f. und 170.

Franz Mehring, sozialistischer Politiker und Schriftsteller, der »Die Weber« und den »Biberpelz« gelobt, dann aber mit der Kritik von »Hanneles Himmelfahrt« (1893) die Reihe seiner Hauptmann-Verrisse begonnen hatte:

»Den peinigend-qualvollen Untergang von Gerhart Hauptmanns Talent im einzelnen zu verfolgen, hatten wir aufgegeben, aber wir sind doch noch einmal das Opfer der lärmenden Reklametrommel geworden, die für sein neuestes Stück ›Ratten‹ gerührt wurde, eine ›Berliner Tragikomödie‹, wie er es getauft hat. Die Verheißung, daß Hauptmann darin auf seine glücklichen Anfänge zurückgekommen sei und daß ihm noch einmal ein Wurf im Stile seines ›Biberpelz‹ gelungen sei, schien uns zwar nicht übermäßig wahrscheinlich, aber doch nicht ganz unmöglich zu sein, und so vertrauten wir uns noch einmal dem wracken Kahne an, um abermals zu stranden.

Ein bürgerlicher Kritiker meint, mit diesem erbärmlichen Schauspiel habe Hauptmann nun auch noch kompromittiert, was in seiner Vergangenheit achtungs- und selbst bewundernswert gewesen sei. Das ist reichlich schroff ausgedrückt, aus einer enttäuschten und verbitterten Stimmung heraus, die jeder nachempfinden wird, der diese ›Tragikomödie‹ einige Stunden lang zu genießen verdammt war. [...]

Eine kritische Analyse seines neuesten Stückes hat keinen Zweck. Es besteht aus zwei lose zusammengekoppelten Handlungen: einem Theaterkulissenschwank, wie er in dem ungleich anspruchsloseren ›Raub der Sabinerinnen‹[10]

10 1884 uraufgeführter Schwank der Brüder Franz und Paul von Schönthan; mit dem darin agierenden Schmierendirektor Striese wird in anderen (abschätzigen) Kritiken Hauptmanns Hassenreuter direkt verglichen.

viel lustiger gelungen ist, und einigen sentimentalen Schauerszenen voll Mord und Totschlag. Wollte man alle psychologischen Unwahrscheinlichkeiten oder Unmöglichkeiten der dramatischen Handlung aufzählen, so fände man kein Ende, und ebensowenig, wenn man enträtseln wollte, was er mit dem Titel gemeint hat. Vielleicht weiß er es selbst nicht.«

Die Neue Zeit (Stuttgart) 29 (1910/11). Bd. 1. S. 760. – Franz Mehring: Gesammelte Schriften. Bd. 11: Aufsätze zur deutschen Literatur von Hebbel bis Schweichel. Berlin [Ost]: Dietz, 1961. S. 345 f. –

Es ist bemerkenswert, daß es zunächst österreichische Kritiker und Schriftsteller sind, die die Qualitäten der Tragikomödie hervorheben und den Autor gegen die herbe, teilweise vernichtende Kritik in Schutz nehmen.

Oskar Maurus Fontana, dessen Besprechung die Buchausgabe des Dramas zugrunde liegt:

»Diese Berliner Tragikomödie ist eines seiner in der Erde verwurzelten Werke, aber ihre Seele haftet nicht, sondern fliegt zu den Sternen. Nicht weil der Titel ›Die Ratten‹ symbolisch zu verstehen ist, wie ein Wegweiser von unten nach oben zeigt! Denn man könnte den Titel Ratten sehr leicht ersetzen und es änderte sich nichts an dem Werk, an seiner von aller menschlichen Sehnsucht und von allem menschlichen Glücksbegehren erfüllten Seele. Man müßte sogar den Titel ersetzen, denn er ist unklar und hat bei der Uraufführung viele, wenn nicht alle dazu verleitet, hinter diesen Pluraltitel ein Singularschicksal zu schieben. Man erinnerte an die Rose Bernd und fragte, wozu der ganze Aufwand von Nebenpersonen, Nebenschicksalen. Man übersah eben die Pluralität des Titels. Die Weber – das ist ein klarer, schöner und einfacher Titel, man weiß, daß hier die Gesamtheit Held ist. Die Ratten – auch hier ist eine

Gesamtheit Held, auch hier ist die Tragödie eines Volkes, besser einer Volksschichte zu sehen. Was sind aber die Ratten? Für Hauptmann sind sie die Unterirdischen – und dies wäre der schönste Titel der Tragikomödie – jene Kräfte und Menschen, die in den bereits dunkeln Winkeln einer Großstadt daheim sind. *Les misérables*[11] – das sind die Unterirdischen, die Ratten. Und wenn einmal einer sagt: ›In uns liegen die Keime. Der Boden lockert sich schon! Wir sind, wenn auch noch unterirdisch, die künftige Ernte! Wir sind die Zukunft! Die Zeit muß kommen, da wird die ganze weite schöne Welt unser sein!‹, so ist dies ein Ton, der ganz an das dumpfdunkle ›Nur Zeit‹ in Dehmels Arbeiterlied[12] erinnert.

Der Held dieses Dramas ist eine jener Mietskasernen, wie sie in den ärmeren Arbeiterbezirken jeder Großstadt unheimlich groß zu finden sind, und ihre Menschen. Der Berliner Straßenlärm, das Kindergeschrei auf den Hausfluren, die Leierkastenmusik vom Hof – das sind keine Regiebemerkungen eines bloß sorgsamen Dichters, sondern diese Dinge spielen mit, geben förmlich die Musik zu den Schicksalen dieser Menschen.

Es ist wunderbar und genial, wie Hauptmann das Wesen dieser Unterirdischen in seinem tiefsten Punkte trifft und gestaltet. Die Frau John spricht: ›Manch liebet Mal hab' ich hier jesessen und jefracht, warum det ick immer rackern du? Warum det mir abdarbe, Jroschens mühsam zusammenscharre, den Verdienst jut anleche und wie ick jede Art wat zuzuverdien mir abjrübeln du. Warum denn? Det soll allens for fremde Leite sind?‹ Um dies herum will das Tun dieser Menschen kreisen: um das Kind, um die Nachkommenschaft, mit dem Bewußtsein und mit der Sehnsucht,

11 Titel eines 1862 erschienenen Romans des französischen Schriftstellers Victor Hugo (1802–85).

12 Gemeint ist Richard Dehmels Gedicht »Der Arbeitsmann«, 1896 im ersten Jahrgang der Zeitschrift »Simplicissimus« im Rahmen eines Preisausschreibens als »das beste sangbare Lied aus dem deutschen Volksleben« preisgekrönt und veröffentlicht.

daß es die Kinder besser haben werden, daß sie bereits oberirdisch leben können. [...]
Diese Frau ist die Protagonistin, aber nicht die Heldin des Dramas. Der Held sind sie alle – die Ratten, die Unterirdischen, die Parias. Was Hauptmann immer zum Drama drängt – da er ja weniger Dramatiker als Bühnendichter ist: Das Gestalten von Menschen durch ihre Sprache und Worte, das feiert wieder einmal einen Triumph. Meisterhaft sind die Kasten, die Kategorien dieser Unterirdischen abgestuft: Der Maurerpolier John und seine Frau, in auskömmlichen Verhältnissen lebend, der Bruder der Frau John, ›unter Polizeiaufsicht‹, die Morphinistin, deren Gesicht die Stigmata der Straße trägt, aber von nicht schlechter Abkunft zeugt, das Dienstmädchen, das Mutter wird, die Engelmacherin, der herumspionierende Hausmeister, mit einem Fuß im Gefängnis, mit dem andern Liebkind beim Bezirkskommissär, der Sehnsuchtskrüppel und schließlich als Durchgänger ein ehemaliger Theaterdirektor, eine jener Erscheinungen, die in diesen Vierteln nie fehlen, der Patrizier dieses Grundes, der heute unten ist und morgen wieder oben sitzt. Das sind die Ratten, die um das bißchen Sonnenschein, um das bißchen Glücksschimmer in dieser Tragikomödie kämpfen. Mit ihnen schwingt das Gefühl Hauptmanns, sein Mitleid.«

Die Wage (Wien). Jg. 14. Nr. 3. 21. Januar 1911. S. 60–62.

Hermann Bahr, in einem »Tagebuch«, veröffentlicht in der von Alfred Kerr geleiteten Wochenschrift »Pan«:

»2. Februar. Berlin. Lessingtheater, die Ratten. Ich habe seit Jahren im Theater Stärkeres nicht erlebt. Nichts, was mich so ganz in Menschlichkeit untertauchen liess. Nichts, was mir so den Atem nahm. Nichts, was mich so tief in den Abgrund unseres Daseins warf. Da stehen auf einmal auf der Bühne, man weiss nicht woher, man weiss nicht warum, ohne Zusammenhang eine Engelmacherin, ein Schutzmann, eine verluderte Person, ein Dienstmädchen, ein schwätzender Theatermensch und ein paar Jungen herum, und jedes redet vor sich hin und keins weiss, was das andere will, und plötzlich bemerkt eins, dass das Kindchen in den Armen der Engelmacherin schon tot ist, und nun sagen sie nichts mehr, nur der alte Komödiant schwätzt noch – darin ist für mein Gefühl das Leben und sein Schatten, der Tod, mit solcher Intensität da, wie nur noch etwa im Lear, wenn die drei Narren, der wirkliche, der von Beruf und der falsche, in der Hütte beisammen sind.[13] Das lässt mich auf den Grund des Lebens sehen; wohin kein Gedanke, wohin nur Ahnung reicht. Das Herumstehen der Menschen im Dasein, und dass keiner je den anderen erlangen kann, bis der Tod unter sie tritt, dann erinnern sie sich erst ... und das Verstummen, das Verlöschen von Begierden, Leidenschaften, Mächten, wenn der Tod ins Zimmer kommt, sogar die Polizei wird dann menschlich, aus Verlegenheit ... und dass jeder seinen Wahn hat, oder der Wahn hat ihn, und davon leben die Menschen, und daran sterben die Menschen, und jeder wäre gern von Herzen gut, aber der Wahn lässts nicht, und wir können von ihm nicht lassen, denn er ist es doch, wodurch wir erst uns selbst erleiden, und dies nur macht uns ja mit uns bekannt, nur indem wir uns erleiden, erkennen wir uns erst, nur unser Wahn bringt uns zu uns ..... und dies alles, wovon jedem einmal in Schicksalsstunden bange wird, nun mit rauher Hand gepackt und aufs Brett gestellt, im kalten, gelben Licht unseres täglichen Lebens ... mich greifts mit solchem Grauen an, als wäre mir der Nabel des Schicksals entblösst! Aber Artisten sagen: auch jede Lokalnotiz enthält das Menschenschicksal. Ja. Sie haben recht, es ist wirklich am Ende nicht mehr als eine Lokalnotiz, zur Anschauung gebracht. Aber ist der Oedipus mehr? Nur dass da der Chor zur Lokalnotiz noch Betrachtungen macht. Ich aber brauche den Chor nicht, ich mache mir meine Betrachtungen selbst,

13 Akt III, Szene 4 von Shakespeares »König Lear«.

darin stört er mich bloss. Der Freund Hauptmanns[14] jedoch, der sein neues Stück an den alten misst, sagt: es ist nicht fertig. Er hat recht, es ist nicht so fertig wie jene, es ist nicht so deutlich, es hat Schleier. Aus einer künstlerischen Schwäche Hauptmanns? Aus Ungeduld? Aus Nachlässigkeit? Vielleicht. Aber dann lass mich diese Nachlässigkeit segnen! Denn es ist die Nachlässigkeit, die das Leben selbst hat. Und das Leben macht auch nichts fertig, habt ihr das noch nicht bemerkt? Mein Photograph gibt mir bisweilen Platten zurück, weil er sie ›verwackelt‹ findet. Und das sind dann immer die einzigen, die für mich die Unwahrheit der Photographie nicht haben. Wie jene van Goghs am stärksten auf mich wirken, von denen man zu sagen pflegt, der Maler müsse betrunken gewesen sein. Wenn ich nämlich im Frühling den Wind über meinen Acker streichen sehe, kommt mir auch vor, die Natur müsse betrunken sein; und erst der Photograph ernüchtert sie. Ich kann nur sagen, auf mich hat in Hauptmanns letzten Stücken immer gerade das Undeutliche, das Unfertige, das Schwankende, Verwischte, Zitternde mit einer Macht gewirkt, die seine fertigen Stücke nicht über mich hatten, und ich finde, dass er gerade dort, wo die Freunde die ausführende Kraft vermissen, über den Naturalismus hinaus in einen Bezirk kommt, den ich noch nicht anders nennen kann als mit dem zerriebenen Wort: mystisch. Ich weiss, dass ich da die besten Köpfe gegen mich habe. Aber was soll, was kann ein ehrlicher Mann als sich an seinen Eindruck halten?«

Pan 1 (1910/11). S. 327 f. –

Berthold Viertel, der selbst 1952 die »Ratten« am Burgtheater in Wien inszenieren wird (s. S. 132), ein Freund von Karl Kraus, in dessen satirischer Zeitschrift »Die Fackel« der nachfolgend auszugsweise wiedergegebene Beitrag »Für Gerhart Hauptmann« erscheint:

14 Alfred Kerr; vgl. dessen Kritik vom 15. Januar 1911, S. 91–94.

»Bei den ›Ratten‹, las man es wieder in und zwischen den Zeilen: da also mit dem hohen Stil kein Geschäft zu machen war, ist Gerhart Hauptmann reumütig wieder zum Naturalismus zurückgekehrt. [...] Niemand zitiert Goethes sonst gern zitiertes Wort von der ›Spirale‹ der Entwicklung, von der Wiederkehr zu Ausgangspunkten auf höherer Ebene.[15] Die ›Ratten‹ sind solch eine merkwürdige Wiederkehr; der Blick auf einen Ausgangspunkt von einem Ende her: das macht ihre eigenartige Perspektive. Wie der Kandidat Spitta das Schicksal der Frau John erlebt (und manches Andere): eine weh-süße Erinnerung, eine schmerzlich-überzeugende Selbstbesinnung, eine verzweiflungsvoll-triumphierende Rechtfertigung des Dichters Hauptmann. ›Wie kam ich zum Naturalismus‹; ›was war mir der Naturalismus‹: hätte man wenigstens diese Fabel herausgefunden! Aber die Herren fühlen sich vor ihren erweislich wahren Kopf geschlagen und schelten den Dichter ratlos. Was hat nur dieser altmodische Schauspieldirektor im Stück zu tun, was mit der Frau John, fragen sie, und wissen nicht, daß sie nach ihrer eigenen Berechtigung fragen. Ja, was haben sie mit Hauptmann zu tun? Ihr eigenes Ich ist jener falsche Idealist, jener deklamierende Theaterdirektor, nur vermenschlicht, allzu gütig verklärt. Er allerdings fühlt ein Rühren, da er die herzaufwühlende Geschichte der Frau John mit ansieht. *Sie* glotzen vergebens. Sie sehen nicht, daß hier die dramatische Seelenmimik Gerhart Hauptmanns ein Äußerstes an lebendigem Ausdruck erreicht. Sie überhören oder unterschlagen die Meisterschaft, welche die innere Bewegung eines Herzens in Sprache, in gegenwärtiges Geschehen umsetzt. Die Ratten über sie!

Hauptmann hat hier sein heißestes Blut, sein Anarchisch-Menschliches beschworen. Er ist ganz drin und doch darüber hinweggehoben. Er kommt gleichzeitig von unten

15 »Die Wissenschaften gehn vorwärts nicht im Zirkel, aber in einer Spirallinie – dasselbe kommt wieder, aber höher und weiter« (Goethe gegenüber C. K. G. Voigt, 5. August 1806).

und von oben. Er hat die deutsche Kultur-Mitmenschheit, um deren Gunst er angeblich buhlt, ganz nahe heran gezogen, bis auf die Bühne, hat eine Zuschauermenge um die Heldin gruppiert, zu grauenhaft-drolligen Kontrasten. Der improvisierte Einheits-Dachboden dieses Dramas, wo die Gegensätze so sinnvoll-sinnlos durcheinanderleben, vermag nur zu gut das Kunterbunt der ›Gesellschaft‹, das zufallsmäßige aber teuflisch-beziehungsvolle Durcheinander, das ›Nation‹ geheißen sein will, zu symbolisieren. Diese Kultivierten und diese nur Lebendigen, die Redegewandten und die Buchstabierenden werden eins nicht durch die Sprache, wohl aber durch die Phrase, nicht durch die Wahrheit ihres Erlebens, sondern durch die Lebenslüge, genannt Ideal. Die Leichteren, wie Korke auf der Flut des Ungefähr Schwimmenden, und die aus der Tiefe vulkanisch Hervorbrechenden – welch eine groteske Gemeinsamkeit des Raumes und der Zeit, welcher Hohn des Verständnisses und der Anteilnahme. Das scheinbar allen Gemeinsame, das Leben, dem einen ist es eine Larve, dem andern ein zuckendes Gesicht. Was sie wirklich verbindet: dieser fühllose, zerstörende Mechanismus von Recht, Sitte und Eitelkeit.

Hier hat Hauptmann die Hoffnungslosigkeit des Menschenherzens, die eigene, tragikomisch vielfach gespiegelt. Wollen sie jetzt die Tragödie nicht fühlen? Wollen sie in der doppelten Verwechslungskomödie nicht mitspielen? Die so menschlich verkommene Frau John vergeudet ihre gottähnliche, aber sozial nicht rechtmäßige Mutterschaft vergeblich, man wird, wenn sie erst selbst dahin ist, das Kind schon mittelst aller Vorsorgen der Gesetzlichkeit kaput machen. Auch Hauptmann muß sein Werk ausliefern. – Da gibt es einen Moment von furchtbarer Ironie: während eine schlechte Mutter und eine spekulierende Mutter, die Polizei und das Publikum und was weiß ich wer noch um einen verhungerten Hurenbalg streiten, stirbt plötzlich das Kind. Ein wenig Entsetzen und gleich darauf die erlösende Phrase. Premierenstimmung!

Man entziehe, man stehle das Werk Hauptmanns seiner rechtmäßigen Mutter, der deutschen Sprache. Man schiebe es der russischen unter. Dort fände es vielleicht wahre Mutterschaft. Ich prophezeie in die Vergangenheit zurück: Dostojewski hätte dieses Chaos, diese Fülle an menschlicher Katastrophe, diesen Wirbel von Herzenskrisen, diese grausam-vergeblichen Kämpfe mit tiefer Rührung betrachtet. Hätte vielleicht ein Machtwort gesprochen für diese Verbrecher, die Menschen sind, und grimmig gelächelt zu dem immer noch allzu liebenswürdigen Humor dieser Mitmenschen, die nicht einmal Verbrecher sind. In Deutschland ist solch wühlendes Christengefühl unerhört.«

Die Fackel (Wien). Jg. 12. Nr. 317/318. 28. Februar 1911. S. 54–57. – © E. Viertel-Neumann, Wien.

In der ersten Spielzeit bringt es die Berliner Einstudierung der »Ratten« auf 32 Aufführungen. – Am 2. Mai 1912 gastiert das Ensemble des Lessing-Theaters mit dieser Inszenierung in Prag, am 4. Mai in Wien. ARTHUR SCHNITZLER, der der Aufführung im Johann-Strauß-Theater als Gast Otto Brahms beiwohnt, notiert am selben Tag im Tagebuch:

»Bei Brahm in der Loge [. . .]. ›Ratten.‹ Welche Natur – trotz allem, dieser Hauptmann. Auch in seinen ›schwächern‹ Sachen, welche zweifellose Genialität. So gleichgiltig zum Theil und irgendwie unappetitlich diese Welt (in den Ratten), welche zwingende Kraft. Und bei mancher Ungeschicklichkeit und Leichtfertigkeit der Scenenführung – welche wahrhaft dramatische Faust. Und wie sie dastehn, diese Gestalten. In der ›Niedergangszeit‹. Pippa . . . Ratten, . . . Schilling . . . man zeige mir die heutigen Dichter, die in ihrem Aufgang beßres gemacht haben.«

Arthur Schnitzler: Tagebuch 1909–1912. Wien: Verlag der Österreichischen Akademie der Wissenschaften, 1981. S. 324.

Auf das Wiener Gastspiel des Lessing-Theaters beziehen sich auch die folgenden Kritiken.

Karl Johannes Schwarz:

»Ja, der Kämpfer Gerhart Hauptmann lebt noch, der Führer der neuen Gilde, dem die Starken und Rücksichtslosen zujubelten, als er damals die Fahne ergriff – und den sie eine Zeit lang schmähten, als er auf dem Siegesthron den viel zu Vielen Gehör schenkte und sich vergessen zu haben schien. Er lebt noch und hat wieder zum Schwert gegriffen und hat wieder gesiegt. Ehrlich und tapfer. Denn wie nur wenige exponiert er im Kampf seine Persönlichkeit – sogar auf die Gefahr, den Erfolg dahinzugeben. Fast der ganze dritte Akt der ›Ratten‹ ist so ein persönliches Herausspringen aus dem Rahmen des Bühnenspiels. Als solches eine Kühnheit, wie sie in unseren Tagen selten gewagt und noch seltener richtig verstanden wird. Denn es ist wahr: dieser dritte Akt wäre überflüssig, wenn er nicht die Hauptsache wäre: die unmittelbare Auseinandersetzung des Dichters mit seinen eigenen Geschöpfen, die klare Verdeutlichung seiner tiefsten Ansichten und die überlegene Verspottung jener alten Ideen, die nicht leben und nicht sterben können.

[...]

Hauptmanns tragische Muse ist bei aller verstehenden und verzeihenden Menschlichkeit streng und gebieterisch. Umso unerbittlicher, je rücksichtsloser sie mit den Begriffen Schuld und Sühne aufräumt. Ihr Kampf richtet sich gegen die Oberflächlichkeit und deren prägnantesten Ausdruck: die Phrase. Darum sind in den ›Ratten‹ nicht die ›schlechten‹, sondern gerade die zwei bürgerlichsten Figuren, der Theaterdirektor Hassenreuter und der Pastor Spitta, so lächerlich, ja verächtlich gemacht. Weil sie Falschmünzer sind, die mit unechten Worten zahlen. Weil sie Ideale im Munde führen, ohne sie zu wirken. Weil sie das Göttliche im Menschen ahnen und dennoch verraten. Sie sind die wahrhaft Minderwertigen. Sie hängen in der Gar-

derobe der Menschheit als abgelegter, falscher Kram. Umso sympathischer wirken die ›Ratten‹, die solch' unechten Flitter, solche abgestandene Ideale benagen. [...]
Ich kann mir nicht denken, daß die Intentionen des Dichters besser zum Ausdruck kommen könnten, als gerade in dieser Darstellung durch das Berliner Lessing-Theater. Sie gibt auch dem Theaterfeindlichsten mehr, als die verständnisinnigste Lektüre geben könnte. Sie ist ein Erlebnis, das reich macht. Sie ist aber auch ein Muster von Regie und darstellerischer Kunst.«

Der Merker (Wien). Jg. 3. Nr. 10. 2. Mai-Heft 1912. S. 394 f.

FELIX SALTEN (d. i. Siegmund Salzmann):

»[...] wie prachtvoll lebendig stehen alle diese Gestalten da. Wie sind sie gleich nach ein paar Strichen plastisch, einprägsam, plausibel. Wie scheint da jedes Wort aus ihrem Blut, aus ihren Nerven, aus ihrer besonderen Art emporzusteigen. [...]
Nebenfiguren: Die Witwe Knobbe. Man sieht sie nur ein einziges Mal. Aber ihr ganzes Schicksal rollt sich vor uns auf. Ihr haltloses Verkommen, ihre Hysterie, ihre krankhafte Verlogenheit, ihr Festhalten an dem Prestige einer besseren Herkunft. Dann das polnische Dienstmädchen, das in Berlin zu Falle kam. Unwissend und erbittert, eingeschüchtert und zornig, unbeholfen und ohne Ahnung. Eines von den vielen Geschöpfen, die im Tumult der Großstadt niedergetreten werden, unter die Räder fallen. Dann der Theologiekandidat Spitta, der zum Theater will. In schmerzlichem Aufruhr gegen seinen frommen Vater. Eine Schwester ist ihm hier in der Großstadt verdorben und gestorben. Verzeihung hätte sie retten können. Allein der fromme Vater wußte nichts von Verzeihung. Dies Erlebnis hat den jungen Menschen gereift, hat ihm ein tiefes Mitleiden für alle Verstoßenen eingegeben. Hat etwa auch den Künstler in ihm geweckt. Dann Bruno Mechelke, der Ver-

brecher, der an seinen wilden Instinkten zugrunde geht. Aber auch an seiner Einsamkeit. Der zum Mörder wird und zum Tier, da er sein ganzes Leben lang wie ein Tier gehetzt wurde, und es von jedem zu hören bekam, er werde noch unter Henkerfäusten enden. Der aber vor seiner Flucht der Schwester ein Hufeisen schenkt: ›Das bringt Glück. Da hast Du's. Ich brauch's nicht mehr.‹

Mag der Bau dieses Stückes Bedenken wachrufen, man möchte doch keine von all diesen Gestalten missen. Wundervoll erwischt sind sie, mit wunderbaren Dichteraugen angeschaut, mit echten Schöpferhänden ergriffen und aus dem Leben herausgeholt. Da stehen sie nun und sind alle von der besonderen Atmosphäre ihres Schicksals umwittert, zeichnen sich alle vor dem Hintergrund ihrer Erlebnisse ab. Dieses Aufschließen von Menschlichkeiten ist die große Kunst Gerhart Hauptmanns.«

Fremden-Blatt (Wien). Nr. 125. Morgenblatt. 8. Mai 1912.

Schon im Jahr der Uraufführung wird das Stück auch in Köln, Stuttgart, München und Leipzig gespielt, 1914 unter der Leitung von Leopold Jessner am Hamburger Thalia-Theater, 1916 am Stadttheater Wien (erst im Oktober 1929 am Burgtheater).

Im Dezember 1916 erfolgt eine Neuinszenierung in Berlin, diesmal durch die Volksbühne am Bülowplatz. Regie führt Max Reinhardts Dramaturg Felix Hollaender. Die Premiere findet am 23. Dezember in Anwesenheit Hauptmanns statt. – Anläßlich dieser Neueinstudierung schreibt Siegfried Jacobsohn, sein Urteil aus dem Jahr 1911 revidierend:

»Kritik ist Selbstkritik, Weswegen bin ich 1911 vor diesen ›Ratten‹ durchgefallen? Auch Dramatik ist Wortkunst; und wenn Hauptmanns Drama Einen kalt ließ, den seit jeher echte Kunst erhitzt, so hauptsächlich darum, weil es berlinisch, aber eben nicht berlinisch – weil es in einem unechten Berlinisch geschrieben ist. [...] Und doch, und doch! ›Fuhrmann Henschel‹ ist der vollkommen gelungene Versuch, in drei Stockwerken – vom Keller, wo der Wein liegt, bis zum Boden, wo die Pflaumensäcke stehen – ein ganzes Haus aufzubauen, den Mikrokosmos eines ganzen Hauses lebendig werden zu lassen, eines schlesischen Hauses, dessen ›Souterrain‹, ›Parterre‹ und ›Bel-Etage‹ durch scharfe Merkmale sozialer Schichtung voneinander geschieden sind. Mit den ›Ratten‹ ist noch mehr versucht, noch mehr gelungen. Man trete von dem Bild, dessen Striche einem in der Nähe schief und krumm und falsch erschienen, weit genug, sechs Jahre weit zurück – und diese zufällig, willkürlich, hingeschludert wirkenden Striche werden sich zu klaren, festen, schönen Linien zusammenfügen. Die richtige Distanz gibt das richtige Bild: nicht bloß eines Stadthauses, sondern einer Stadt und ihrer Bevölkerung. Deren Jargon mag verfehlt sein – ihr Wesen ist getroffen. [...]

Die Tragikomödie der ›Ratten‹. Die wir schon früher in ihrer Großartigkeit empfunden hätten, wenn es nicht zum unterschätzenden Dogma geworden wäre, daß bei Hauptmann Erde, seine Heimatserde, und die Kinder dieser Erde, Luft und Ackerkrume, Wind und Wolken eine pantheistisch untrennbare Einheit bilden müßten, um im unpathetischen Gedicht zu leben. Ein pittoreskes Spiel zwischen bizarren, aber hohlen, und alltäglichen, aber elementaren Menschen, ein Spiel lächerlicher Irrungen und hochfliegender Plane, blinder Verkettungen und wilder Zwänge, ein Spiel, das ein bißchen Licht ins dunkle Mysterium unsrer flüchtigen Existenz brächte – solch ein unnaturalistisches Spiel schien uns Hauptmanns Vermögen zu übersteigen. Wem sich jetzt vor den ›Ratten‹ die Kehle zuschnürt, der schämt sich seiner Kleingläubigkeit.

[...] Tragikomödie. Schön ist häßlich, häßlich schön, wichtig unwichtig und umgekehrt. Alles schwankt, alles ist doppelbodig, alles ist traurig und spaßhaft in Einem Atem. Man nehme den Schluß des dritten Aktes: wie die Piperkarcka mit Löwenstärke um das hektische Kind der Knobben ringt, das sie für ihr eigenes hält; wie die Knobben ihre geschminkte Vita hysterisch, in der Fiebererregung des Morphinisten herausdeklamiert, halb kummervoll, halb auf Wirkung bedacht; wie Schutzmann Schierke ohne Verständnis dazwischenblökt; wie der Theaterdirektor seine schmunzelnde Freude an der effektvoll gesteigerten ›Szene‹ hat – und wie ›det Kindeken‹ sich aus diesem Getobe lautlos in bessere Gefilde rettet! Davor sitzt man mit einem Lächeln, das langsam erstarrt und sich langsam aus der Erstarrung wieder löst. Tragikomödie. Schillerndes, flimmerndes, flackerndes, purzelndes, jagendes Hin und Her des grausig-erhaben-skurrilen Alltags. ›Erfinden Sie so was mal, guter Spitta‹, sagt der Zuschauer Hassenreuter, der selber erfunden ist. Wer außer Hauptmann könnte so was erfinden! Den Blick hat Keiner, die Hand hat Keiner, das Herz hat Keiner, den Mut hat Keiner – Keiner, der heute lebt. Da sucht man mit der Laterne nach deutschen Dramatikern. Die Zukunft des deutschen Dramas liegt in Gerhart Hauptmanns Vergangenheit.

Ein Stück für die Volksbühne, weil es in ihrer Gegend sich abspielt, sich ihrem Publikum durch den Stoff und den Volksstückcharakter besonders empfiehlt. Der stürmischste Beifall war unvermeidlich, sodaß Reinhardt als Ökonom immerhin recht tat, seine Kraft an minder gesicherte Werke zu wenden. Aber bedauerlich bleibt, daß die Dramen Hauptmanns, denen Brahm nicht gänzlich gewachsen war, auch jetzt nicht ihr volles Leben gewinnen. In andrer als Reinhardts Regie ist diese alte Kaserne, von der immer wieder behauptet wird, daß Ratten sie unheimlich machen, ein kahler, nüchterner, sauberer Bau ohne Unheimlichkeit und ohne Geheimnis; und gar, wenn im Text fast alles getilgt ist, was dem Bau Gesicht, Geschichte und Dunstkreis einer ungewöhnlichen Gegenwart gibt. Glocken läuten, Regen rauscht, Chöre wimmern, die Wachparade zieht auf; und das ist nicht viel. Der Jargon dagegen scheint mir berlinischer geworden [...]. Das Ereignis des Abends:

die Piperkarcka der Pünkösdy. Blutend, schneidend, reißend; hinreißend. Wenn diese saftquellende Künstlerin auf den Gipfel gelangt ist, wird man ihren Aufstieg nach den ›Ratten‹ datieren, wie den Aufstieg der Lehmann nach ihrer Helene Krause. Beide sind Hauptmann, beiden ist Hauptmann verpflichtet. Aber wie werden wir jemals unsern Dank an ihn abtragen?!«

Die Schaubühne (Berlin). Jg. 12. Nr. 52.
28. Dezember 1916. S. 608–612.

Über diese Inszenierung schreibt JULIUS HART, einst gemeinsam mit seinem Bruder Heinrich einer der Vorkämpfer des Naturalismus:

»In der Schule des Deutschen Theaters Max Reinhardts ist man nicht so dogmatisch, so streng und fanatisch auf den naturalistischen Stil eingeschworen, wie das bei Otto Brahm der Fall war, und der beweglichere, umfassendere Geist hier weiß sich leichter und besser den mannigfach wechselnden individuellen Eigenarten und Sonderheiten anzupassen. Die Stilverwirrungen, Unruhen, das zerfasernde Hin und Her in diesem bastardierenden Drama Hauptmanns mußten gerade früher bei Otto Brahm schärfer und deutlicher hervortreten, und die hier immer besonders angestrebte feste und einheitliche ›Milieu-Stimmung‹ unterstrich zuletzt das Zerfetzte der Komposition.
Die Regie Felix Hollaenders ging den zweckmäßigsten Weg, den sie hier gehen konnte, suchte nicht gewaltsam, gewalttätig die auseinanderklaffenden Teile, die so verschiedenen Atmosphären der Schauspielerkomödie und der proletarischen Tragödie zu künstlerisch-einheitlicher Wirkung zusammenzubringen, sondern holte hervor und stellte in den Vordergrund, was an theatralischem Leben und theatralischer Augenblickserregung und Bewegung immer wieder aufzüngelt. Das Ganze wurde zu einem völligen Regie-Gegenstück zu der Reinhardtschen Aufführ-

rung von ›Dantons Tod‹.[16] Wenn hier die schauspielerische Einzeldarstellung ertrank und versank im Spiel der Masse, im Licht und in der Farbe des großen und geschlossenen Bühnenbildes, so legte Hollaender mit allem Recht Nachdruck darauf, daß die Tugenden und Vorzüge des Hauptmannschen Charakterisierungsvermögens, die individuelle Gestalt und Persönlichkeit in Scherz und Ernst, komisch und tragisch zur Geltung kamen, und das Solospiel der Darsteller, jeder für sich in seiner Rolle, hinwegtrug über den Mangel an innerem Zusammenhang in den Vorgängen.

Härter und herber als Else Lehmann seinerzeit packte Lucie Höflich die Figur der Frau John an, und diese quoll weniger aus Mitleid und Gefühl, aus Mutter-Instinkten hervor; der Madonna in armselig-irdischem Proletariergewand, welches durch die Gosse geschleift wird, war ein stärkerer Zuschuß vom Weibsteufel beigemischt. In der Darstellung der verbitterten, ingrimmigen Seele, eines dumpferen, auch bösen Instinktlebens, gipfelte ihre Kunst, holte sie die elementarsten Erschütterungen herauf, und wenn sie in den ersten Akten etwas unsicher umhertastete und auch nicht wußte, wie die Gestalt des Dichters recht zusammenzubringen war – in der Schlußszene, in der Tragik und in den Verzweiflungen gab sie den großen Schrei und die momentane Kraft, die unmittelbar hinreißt. Wenn auch nicht ein mit Berliner Blut und Spreewasser getaufter geborener Verbrecher, so war doch Werner Krauß als der verlorene Bruder der unglücklich-armseligen Heldin ein von allen düsteren und dumpftierischen Schatten und Gespenstern umgrauter strindbergisch-phantastisch angeschauter Tschandale[17], während die sehr verwandlungsrei-

16 Georg Büchners Revolutionsdrama von 1835; Urauff. am 5. Januar 1902 im Berliner Belle-Alliance-Theater. Mit Max Reinhardts Inszenierung am Deutschen Theater Berlin (Premiere 15. Dezember 1916) setzte sich das Werk auf der deutschen Bühne durch.

17 ›Tschandal‹ ist eine niedere Hindukaste; danach übertr.: verachteter Mensch.

che, viele Gestalten und Möglichkeiten in sich einschließende Auguste Pünkösdy das polnische Dienstmädchen, die Pauline Piperkarcka, mit allen echten und rechten Hauptmannschen Naturalismen als eine lebensstrotzende Wirklichkeitsgestalt zeichnete, wie auch Eduard v. Winterstein als Maurerpolier John sich wie immer als ganz sicherer und zuverlässiger Hauptmannspieler erwies.«

Der Tag (Berlin). Illustrierter Teil. Nr. 303 (Ausgabe A). 28. Dezember 1916.

1918 werden die »Ratten« erneut am Hamburger Thalia-Theater inszeniert, 1920 am Neuen Theater in Frankfurt, am Berliner Rose-Theater und am Dresdner Albert-Theater. 1922 erfolgt – diesmal unter der Regie von Jürgen Fehling – eine vielbeachtete Neueinstudierung durch die Berliner Volksbühne, deren Leitung inzwischen Friedrich Kayßler übernommen hat. – Über diese Inszenierung urteilt Franz Servaes:

»Schon einmal gab's in der Volksbühne, Dezember 1916, eine Premiere der ›Ratten‹. Damals unter Reinhardts Direktion und unter Hollaenders Regie. Die Höflich spielte die Frau John, die Pünkösdy die Piperkarcka, die Körner die verrückte Sidonie Knobbe. Heute stehen an ihrer Stelle: Helene Fehdmer, Lucie Mannheim, Mary Dietrich. Statt Wintersteins John sehen wir Kayßler, statt Bonns urkomödiantischem Hassenreuter Georg August Koch, statt Werner Kraußens Bruno Mechelke, dieser genialischen Studie aus dem Verbrecherkeller, Heinz Hilpert. Und die Regie führt Jürgen Fehling.
Neue Besetzungen, neue Zeiten. In fünf Jahren, wieviel hat sich verändert! Warum sollte nicht auch Hauptmanns mit einer Komödie der Narrheiten seltsam verquickte Tragödie des Elends ein neues Gesicht aufgesetzt haben! Das Neue war, daß die Komödie schärfer hervortrat, ohne indes das Tragische zu beeinträchtigen. Daß diese kühne Kontrastmischung gelang, ist vor allem das Verdienst von Fehlings

Regie. Man darf diese Arbeit als eine ganz hervorragende bezeichnen. Der ganze Graus, die ganze Widersinnigkeit und die ganze Lächerlichkeit eines von der Natur abgesperrten Hinterhauslebens in einer engverbauten Großstadt kam zu Gefühl. Man spürte hier gleichsam mit allen Sinnen, wie diese Menschen wahrhaft ein Rattendasein führen, wie sie in Löchern und Halbdunkel stecken, hin und her huschen, nie allein, stets beobachtet, also unfrei im schärfsten und eigentlichsten Sinne. Alle ihre Gefühle verwirren sich dadurch, sie tappen aneinander vorbei, bespucken und begeifern und vor allem mißverstehen einander, und hierdurch kommen der Unverstand und das Verhängnis über sie. Fehling unterließ es nicht, auch durch die Geräusche, die von außen tönen, ferne Männerchöre, Hoforgelmusik und dergleichen, das Aufeinanderhocken vieler Menschen uns fühlen zu lassen und die unheimlichen Pausen kritischster Momente damit auszufüllen. Dadurch kam in das Ganze und Einzelne eine Stimmung, der sich niemand entziehen konnte und unter deren Einfluß auch jede schauspielerische Einzelleistung wuchs.

Die Fehdmer hob, stärker als ihre Vorgängerinnen, das Halbirre, das in der kindessüchtigen und hierdurch kinderräuberischen Frau John steckt, heraus. Dieses Bestreben hat viel für sich, und wenn es auch nicht völlig gelang, es zu reimen und zu selbstverständigem Ausdruck zu bringen, so darf man eben erwarten, daß die Leistung noch weiter wachsen wird. Lucie Mannheims Piperkarcka zeigte, im Gegensatz zu dem robust-fanatischen Geschöpf der Pünkösdy, ein armes, verhetztes und fahriges Wesen, und recht gut, zumal im bald stieren, bald unruhigen Blick, charakterisierte Frau Dietrich ihre Morphinistin. Kayßler als derb und gerade, die einzige gesunde Person in diesem wilden Wirrwarr, und selbst er wie zeitweilig davon angesteckt. Sein Schwager Bruno Mechelke in Hilperts Darstellung ein total verlottertes und verlorenes Individuum, wie innerlich erstarrt und völlig abgestumpft. Auch Koch wußte dem Schmierendirektor die rechte Physiognomie des unverbesserlichen Phrasenhelden zu geben, und im scharfen Kontrast hierzu war Haldens Theologie-Kandidat Erich Spitta herausgearbeitet, diese vielleicht wunderlichste Figur des Stückes, in der Hauptmann in halb karikaturistischer, halb selbstkennerischer Laune manche Eigenzüge preisgegeben hat.«

Berliner Lokal-Anzeiger. Nr. 119, 11. März 1922.

Anläßlich der Neueinstudierung durch Jürgen Fehling schreibt Arthur Eloesser, Bezug nehmend auf seine Kritik aus dem Jahr 1911:

»Die damals vermißten Zusammenhänge hatten sich eingestellt, hatten sich bedeutungsvoll erweitert, und die Ratten fraßen nun wirklich an des Reiches Macht und Herrlichkeit, soweit es eben Theaterfundus war. Wie Gerhart Hauptmann sich überhaupt mehr und mehr als einen der Prophetie mächtigen Dichter beweist, wenn das nicht ein und dasselbe sein sollte. Auch für einen geringeren Regisseur als Jürgen Fehling ist es heute nicht schwer, sich über Otto Brahm zu erheben, schon weil unser Theater, so weit es Gewissen hat, immer noch auf den von ihm gefügten Fundamenten ruht.

[...] auch wenn sich Hauptmann von seinen Schneegruben und Gebirgsbächlein nach Berlin auf die Bahn gesetzt hat, wie viel mehr Menschenklima hat so ein Stück als alles andere, was davor, daneben und danach ersonnen wurde! Als das Stück zuerst erschien, schnupperten wir daran und sagten: hier riecht es noch zu organisch. Das ist nicht Marmor, nicht Gold, nicht Elfenbein. Schon wieder kommt der Hauptmann mit einem naturalistischen Spätling, nachdem wir die Literaturgeschichte so schön in Ordnung gebracht haben. [...] Haben wir damals die restlose Umsetzung des Stofflichen in das reine Kunstmaterial vermißt, so freuen wir uns heute des lebendigen Lebensstoffes, des organisch Gebliebenen, das noch immer nachschießt und schließlich die Kunstformen der Natur nachbildet. Hauptmann schien der langsamere neben Ibsen, weil die Reflexion schneller arbeitet als die Sinnlichkeit mit den längeren Atemzügen, die Atmosphäre einziehen und wieder geben. Hauptmann hat diese Porenatmung. Wer ist heute der Grünere? Und wer wird es sein in dem anderen Wettwachsen mit Strindberg? Auch diese Frage scheint mir entschieden.«

Das Blaue Heft. Freie Deutsche Bühne. Jg. 3. Nr. 27. 1. April 1922. S. 683–685.

Im Frühjahr 1925 wird die Tragikomödie in Breslau einstudiert, also der Stadt, in der Hauptmann viele Jahre als Schüler und Kunststudent zugebracht hat. Paul Rilla, in späteren Jahren ein prominenter marxistischer Literatur- und Theaterkritiker, schreibt in einer Besprechung dieser Aufführung, bei der Else Lehmann als Gast das Ensemble des Breslauer Lobetheaters verstärkt:

»›Die Ratten‹ gehören zu den Werken Gerhart Hauptmanns, die in der Zeit weiter wachsen. In den fünfzehn Jahren, seit sie geschrieben wurden, hat sich das Für und Wider der Technik und Stofflichkeit längst erledigt. Der Rest ist das Drama. Denn entscheidend bleibt, wie sich die Elemente jenseits des Details binden und Bedeutung über der Tatsächlichkeit des Inhalts gewinnen.

Der Titel ›Ratten‹ ist nicht symbolischer Schnörkel wie eine Ibsensche Wildente[18], sondern schlägt den Ton an, aus dem sich das Drama entfaltet. Der pathetische Plunder oben im Dachgeschoß der Berliner Mietskaserne, darunter das lichtscheue Treppauf und Treppab verlorener Existenzen: es ist dasselbe schattenhaft gespenstische Wesen, das, ausgeworfen vom Leben, bei den Ratten vermodert. Es ist die lächerliche Stuckfassade mit den gipsernen Idealfiguren, dahinter das graue Elend. Es ist das dunkle Gewimmel an dem ausgefransten Rande der Großstadt, eine Welt des unaufhörlichen Hinab, deren Tragik in kleinen, ver-

18 Das zentrale Symbol in Henrik Ibsens Schauspiel »Die Wildente« (1884).

schmutzten Röhren mit den Abwässern des Lebens trübe versickert, indessen oben die großen Worte hohlbrüstig daherkommen und unten die Ratten pfeifen. Das bleibt Hauptmanns Kraft: im Einzelschicksal eine ganze Lebensschicht, einen ganzen Zeitkomplex und eine überzeitliche Wirklichkeit mit heraufzuheben. Das Schicksal der Maurerpoliersfrau Jette John, die die Sehnsucht nach Mutterschaft in Verbrechen, Kampf und Tod hetzt, treibt mit in der Dumpfheit, Enge und Lächerlichkeit dieser Rattenwelt, deren nagende Plage heute wie je sich ins Gewissen der Zeit beißt. Aber es mündet zuletzt in den großen Strom alles menschlichen Jammers, in jene tragische Einsamkeit, da die Kreatur allein ist mit sich und ihrer Not. Mögen in den ›Ratten‹ die Teile mitunter etwas gewaltsam zusammengerenkt, gelegentlich auch zu leicht und flüchtig kontrastiert sein, bestehen bleibt die dichterische Vision: wie die Schatten wandern und das Leben dazu Grimassen schneidet, wie es aus den grauen Winkeln hervortappt und ins Dunkel zurücktaucht.

Der Aufführung unter der Regie Arnfelds fehlte gerade dieses Atmosphärische des Stückes. Das müßte wie unter einem Alpdruck lagern und von phantastischem Dämmer umspielt sein. Statt dessen präsentierte sich hell und geheimnislos ein solides Milieu-Theater. Im Schauspielerischen wurden tiefere Kräfte frei. Else Lehmann ist noch immer die Hauptmann-Schauspielerin jener einfachsten Wirklichkeit, die sich in den menschlichen Spannungen zu großartig persönlicher Gestaltung steigert. Ihre Jette John wächst aus dem Alltag hervor. Aber wie sie die kleinen Lebenszüge in der steigenden Bewegung variiert, zusammendrängt und umschmilzt, das läßt die realen Umrisse unter sich und wird in Verlorenheit, Gefühlsverwirrung und Schrei großer tragischer Ausdruck. Neben ihr hat vor allem der Bruno Mechelke des Herrn Nemetz die Bannkraft einer zugleich höchst realen, zugleich phantastischen Hintertreppenatmosphäre. Nicht als falsche Luden-Dämonie, sondern als sparsam konzentriertes schauspielerisches Wesen. [...] Else Lehmann wurde am Schluß begeistert gefeiert.«

Breslauer Neueste Nachrichten. Nr. 88. 30. März 1925.

Für den Herbst 1932 – gefeiert wird Hauptmanns 70. Geburtstag – sind 11 Inszenierungen zu verzeichnen; heraus ragen die durch Heinz Hilpert für die Berliner Volksbühne und die durch Otto Falckenberg an den Münchener Kammerspielen.

Über die Berliner Aufführung (Premiere 8. Oktober) und Hauptmanns Urteil berichtet A. BRODBECK:

»Nach dem Gogolschen ›Revisor‹, mit dem die Volksbühne im ›Theater am Bülowplatz‹ die Spielzeit erfolgreich eröffnet hatte, folgten als zweite Inszenierung Hilperts Gerhart Hauptmanns ›Ratten‹. Diese Inszenierung erzielte nahezu einen Sensationserfolg. Der Dichter selbst, der Ende Oktober einer Vorstellung vom Anfang bis zum Schlusse beiwohnte, erklärte, daß es die beste Interpretation seiner Arbeit gewesen sei, die er je erlebt habe. Tatsächlich begriff angesichts dieser Leistung der Berliner nicht, warum dieses berlinische Volksstück vor zwanzig Jahren durchfallen konnte. Es waren nicht etwa nur die ganz hervorragenden Leistungen der Käthe Dorsch als Frau John, [Eugen] Klöpfers als Hassenreuter und Otto Wernickes als Maurerpolier John – es war eine Bravourleistung des ganzen Ensembles, in das sich die erwähnten Hauptdarsteller wie selbstverständlich einfügten.«

Die Volksbühne. Jg. 7. Nr. 8. November 1932. S. 303 f.

In einem im September 1942 mit C. F. W. Behl geführten Gespräch äußert HAUPTMANN über Hilperts Inszenierung:

»Kürzungen werden an jedem Theater und in jedem Ensemble anders ausfallen. Sie werden bedingt durch Zufälligkeiten bei Spielleitern, Darstellern und Publikum.

Hilpert hat einmal in der Berliner Volksbühne meine ›Ratten‹ inszeniert und in dem wortereichen Stück nur wenig Striche gemacht. Es wurde – ähnlich wie im Leben – sehr schnell gesprochen, und das kam der Wirkung des Werkes sehr zugute.«

C. F. W. Behl: Zwiesprache mit Gerhart Hauptmann. Tagebuchblätter. München: Desch, 1949. S. 122.

Diese Aufführung veranlaßt nunmehr auch ALFRED KERR, sein Verdikt aus dem Jahr 1911 zu revidieren:

»V.

Bemerkenswert die ganze Aufführung. Mit einem Stich ins Lustspielhafte.
Jedoch das Schattenschwer-Unterweltliche kommt so gut weg wie Hauptmanns eingeschlossener Ulk.

VI.

Vor einundzwanzig Jahren hat unsereins ihm die Hölle heiss gemacht: weil das Stück zwar grossartig, doch nicht fertig erschien.
Heut ist es, als geschlossenes Drama, fast ein Wunderwerk. Ein Trauerspiel aus dem täglichen Polizeibericht. Zustandswerk und ethisches Werk. Das Mutterstück. Das Mütterstück.
Damals schrieb ich: ›Golgatha ... in einer Weissbiergegend.‹ Oder: ›Um Erbsen, Sauerkohl und Pökelkamm spenstert starr die Ate.‹[19] (Ate bedeutet, auf griechisch, das hart schlagende Schicksal.)
Alles ist heut noch wahrer geworden. Die berlinische Welt noch proletarisierter. Schläge der Ate noch gewohnter ...

VII.

Heut wird, auch in der Darstellung, die Vielfalt mancher von Hauptmann hineingebannten Linien, der sich zwei-

19 Kerr zitiert aus seiner »Ratten-Glosse« (1. März 1911), von der S. 94 nur das Resümee wiedergegeben ist.

genden Schichten, das Kuddelmuddel sozialer Wirrungen und Nachbarschaften, das Muffig-Kriminelle des Kleintags: heut wird es in Hilperts Tempo noch überzeugender; noch vertrauter; noch näherliegend.

VIII.

Er hat alles aufs Wort gestellt. Dies will nicht sagen, dass man jedes verstand. Aber die Beflügelung des Gesprochenen ... in so einer kribbelnden Tiefenwelt, die schwabbelt und nicht viel Zeit hat: das ist so wertvoll wie die Unterbringung hauptmannscher Längen.
Alles ruhmwürdig.

IX.

Die Dorsch: so leidende Frau wie kämpfende Frau. Das eine kaum stärker als das andre. Graublass rasendes, schicksalverdammtes Muttertier.
Noch jung im Verhältnis. Mit dem berlinischen Ton kommt sie staunenswert gut aus; wenn auch nicht aufs letzte deckend. (Süddeutsches ›r‹.) Wunderbar in dreckiger Lumpenanmut. Aufwärterin ... mit einem Menschenloos. Haftendes Sinnbild – verloren in der Menge.
Es ist ihr zu danken.

X.

Klöpfer: nicht nur, dass er den Text kann; dass er ihn kostbar überlegen sprudelt. Dass er einen Bühnenlenker aus Strassburg, zwischen Volksfestspielen oder Lutherspielen (siehe: Gemeinschaftsdrama, Leerstück) und einer Schillerschen Idealschmiere zurückhaltend verleiblicht.
Auch was Unbetont-Animalisches kommt in seiner sittlichen Bejahung lustig und kostbar durch.

XI.

... Falls dieser vorbildlichen Aufführung ein Einwand zu machen ist: so beschränkt er sich auf eine Fingerspitzenstörung im Verhältnis des Pastors Spitta zu dem Studiosus Spitta. Sprachlich empfunden.
Wenn [Josef] Almas, der Vater (Zettel her! ja, er ist es), mit

einem letzten Anklang ans Zisleithanische[20] redet: so kann der Sohn (Manfred Thau, verblüffend echt) nicht ostpreußisch reden. Kleiner Spalt.
Der Sohn: lächerlich gut gespielt, bebrilltes, tapferes Kerlchen; er durchsetzt Unsicheres treffend mit Energie.
(Der junge, drollige Spitta hier ist nicht Hauptmann. Hauptmann hat ihm nur einen Teil seiner Ideen vertraut.)

[...]

XIV.

Und wenn das bürgerliche Paar, der junge Spitta mit seiner Braut, Genia Kurz, Stellungen wie im alten Verlobungslustspiel einnimmt: so will Hilpert auch hier das Historische des Werks betonen ... (worin übrigens ein Polizeipräsident Madai heiterer zu erdulden ist als ein spätrepublikanischer).

XV.

Ja, in Berlin wird immer noch meisterhaftes Theater und meisterhaft Theater gespielt.

Berliner Tageblatt und Handelszeitung. Nr. 431. 10. Oktober 1932. –

Ludwig Sternaux schreibt über Hilperts Inszenierung und über Käthe Dorsch als Darstellerin der Frau John:

»Nun hat die ›Volksbühne‹ die Berliner Tragikomödie der ›Ratten‹ zu neuem Leben erweckt. Und das Ungeahnte wurde Ereignis: dieses Stück hat wirklich noch Geltung für die Gegenwart.
Heinz Hilpert, der Regisseur, läßt es draußen am Bülowplatz nicht als Proletarierdrama aus dem Scheunenviertel spielen. Ihn reizte es mehr, die Komödie gegen die Tragödie aufzutrumpfen und in den zwei Welten, die sich in dem Häuserwinkel begegnen, die Ehrlichkeit gegenüber dem Verbrechertum zu betonen. Deshalb mußte er kleinbür-

20 ›Zisleithanien‹ ist – bis 1918 – übliche Bezeichnung für den österreichischen Teil Österreich-Ungarns.

gerliche Beschaulichkeit wählen, wo nun Mutter John die Sehnsucht nach einem Kind träumt.
Käthe Dorsch ist diese Frau mit dem ewigen Komplex, eine gute, doch keine wirkliche Mutter, die mit aller Eifersucht, der sonst nur echte Mütter fähig sind, über das untergeschobene Kind wacht. Bis zum allerletzten Verzweiflungsschritt geht sie den Weg der Wahrheit und der Menschlichkeit, eine Schmerzengekrönte in ihrer Angst, eine Löwin in ihrer fanatischen Liebe.«

Der Tag. Unterhaltungsrundschau (Berlin). Nr. 244. 11. Oktober 1932.

Über die »Ratten« und seine Inszenierung an den Münchener Kammerspielen (Premiere 6. Dezember 1932) befragt, erklärte Otto Falckenberg:

»›Die Ratten‹ hatten es mir angetan. Sie sind bei ihrer ersten Aufführung 1911 im Berliner Lessingtheater ausgepfiffen worden. Man hat sie damals einfach nicht verstanden. Man erwartete von Gerhart Hauptmann konsequenten Naturalismus oder romantisches Märchen wie ›Die versunkene Glocke‹. Auch an einen klaren Übergang von einer Sphäre in die andere war man schließlich seit ›Hanneles Himmelfahrt‹ gewöhnt; nicht aber an Figuren, die mitten in ihrem realen Leben spukhaft zu wesen begannen, wie jene Gestalten auf dem Dachboden, die sich fast unmerklich über das rein Realistische hinaus bewegen, – und das gerade, dieser eigentümliche Zusammenklang einer ausgesprochen naturalistischen Welt und Fabel mit einer übersinnlich bedeutsamen, lockte mich. Ihn vor allem versuchte ich – bei voller Durchgestaltung der Muttersehnsuchtstragödie der Frau John – herauszuarbeiten. Denn das ganze Werk lebt ja schließlich – wie fast alle späteren Werke des großen Dichters – *jenseits* der realen Welt und ihrer Begriffe.«

Otto Falckenberg. Mein Leben – Mein Theater. Nach Gesprächen und Dokumenten aufgezeichnet von Wolfgang Petzet. München/Wien/Leipzig: Zinnen-Verlag, 1944. S. 335.

Hauptmann äußert sich im Juli 1943 über Falckenberg und dessen »Ratten«-Inszenierung:

> »Die Gesamtheit seines Wirkens zu würdigen, sind Stimmen genug am Werk. Ich möchte aber wenigstens eine seiner vielen Meisterleistungen der Bühnengestaltung nicht unerwähnt lassen, die einer Tragikomödie von mir ›Die Ratten‹ zugute kam.
> Das Werk ist sehr kompliziert, eine Tragödie und eine Komödie sind in ihm unlöslich verschlungen. Neben dem tragischen Ende der Frau John steht der Aufstieg von Direktor Hassenreuter. Die Struktur des Stückes hatte unter der Hand seines Bühnengestalters eine für mich überraschende Klarheit erlangt, die ich bewundern mußte.
> Ich wurde an einen Stahlstich erinnert, während andere Darstellungen mehr den Charakter der Malerei besaßen. Aber die kalte Nadel,[21] sozusagen, verlieh der Tragikomödie für mich einen ganz besonderen neuen Reiz.
> Ich habe dieses Kabinettstück der Bühnengestaltung immer mit Vergnügen gegenwärtig.«

Gerhart Hauptmann: Zum Geleit. Ebd. S. 7. – CA XI, 1200. – © 1974 Propyläen-Verlag, Berlin.

Die zeitgenössische Kritik reagiert einhellig begeistert. Horst Wolfram Geissler kritisiert zunächst das Stück – »es hat sehr viele Vorzüge Hauptmannschen Schaffens, aber auch mehr Nachteile als die meisten seiner Werke«, »das Komödienhafte ist auf die echte Tragödie nur aufgeklebt« – und schreibt dann:

> »Was Falckenberg mit der Aufführung geleistet hat, ist in Deutschland einmalig. Seine Regie verfügt über eine Spannkraft und Elastizität, die auch das Sprödeste, Lastendste wie durch ein Wunder in Leben verwandelt. Wie man bei allerbester Graphik trotz des Schwarz-Weiß alle Farben bis in die ungeahntesten Töne ›sieht‹, so entsteht

21 Gemeint ist die Technik zur Herstellung von Kupfer- und Stahlstichen (Kaltnadelradierung).

unter Falckenbergs Hand aus dem Grau-in-Grau dieser Hinterhaus- und Mansardengeschichte ein Bild des Menschen, das nach dem Bilde Gottes geschaffen ist. Eben und schlechthin: *das Wunder des Theaters*, das ansonsten – fehlt die Hand des Zauberers – durch keine noch so ›gute‹ und ›sorgfältige‹ Einstudierung auch nur angedeutet werden kann; man braucht nur die Aufführung des ›Hannele‹ im Staatstheater mit diesen ›Ratten‹ zu vergleichen, und man wird sich eines Lächelns nicht erwehren können. Das Unbegreifliche an der Kunst Falckenbergs ist, daß man nach solchen Höhepunkten – beispielsweise Erdgeist, Nora, Dreigroschenoper[22] – stets glaubt, der Gipfel sei erreicht, um nach einem halben Jahre zu erkennen: es geht immer noch höher.

[...]

Wie macht es Falckenberg, daß er stets ein solches Ensemble beieinander hält? Therese Giehse als Frau John – unerhört! Vor allem deshalb so unerhört, weil hier nicht mit jener psychologischen ›Eleganz‹ gearbeitet wird, die eine Anzahl großer Schauspieler auszeichnet, zweifellos auszeichnet. Sondern die Begabung dieser Frau hält sich bei solchen Ausdrucks- und Verdeutlichungsmitteln schon gar nicht mehr auf, sie geht einfach darüber hinweg, verzichtet zwischen einer Phase und der nächsten auf jeden sogenannten Übergang, ›es‹ geht mit ihr durch – und das Ganze ist ein Bild der Seele, das sich nicht einprägt, sondern einbrennt. Neben ihr, nahezu unerwartet, jedenfalls eine tolle Überraschung, Marianne Hoppe als Dienstmädchen Piperkarcka, durchaus abweichend und weit über ihrer bisherigen Linie – ein As auf den Tisch, wie es nur bei Falckenberg plötzlich ausgespielt wird. Dann: [Karl] Kyser als Theaterdirektor! Kaum ein anderer hätte diese Figur so menschlich gerettet und vor der Karikatur bewahrt, ein vollwertiges Gegengewicht gegen das Trostlose der Handlung. [Will] Dohm in der Rolle des

22 Bühnenwerke von Frank Wedekind, Henrik Ibsen und Bertolt Brecht.

braven Vaters John, Nachkomme des Hebbelschen Meisters Anton.[23] Nächst Frau Giehse die fesselndste Gestalt, die blendendste Studie des Abends: der Mörder, den [Kurt] Horwitz mit aller Schnoddrigkeit über tiefster Angst spielte, von einer darstellerischen Elastizität, die schwindeln machen kann.«

München-Augsburger Abendzeitung. Nr. 329 (Ausgabe A). 7. Dezember 1932.

Auch Tim Klein preist Regie und Ensemble:

»Otto Falckenberg hat mit fester, kluger Hand die Längen des Werkes gekürzt und überhaupt seine einzigartige Regiebegabung von neuem unumstößlich bewiesen. Und alle Darsteller offenbarten ihr echtes Künstlertum. [...]
Kurt Horwitz gab den heruntergekommenen und schließlich zum Mörder gewordenen Bruder der John. Der Dichter hat diesem Auswürfling selbst noch einen Hauch von Liebe eingeblasen. Horwitz überschattete den in den Kellern Berlins entarteten Unterweltsmenschen mit unsäglicher Trauer.
Leidenschaftlich, wild bewegt war die Piperkarcka (Marianne Hoppe), die um ihr eigenes Kind rasend kämpfende Polin. Dieses gehetzte Weib gehörte zu den bedeutendsten Erscheinungen des Abends. Die Frau Knobbe (Frieda Hummel) war das erschreckendste Wesen, das der Moloch Großstadt zerstört hat. Edith Schultze-Westrum, die Tochter der Knobbe, gestaltete das ausgezehrte, hin und her gerissene arme Geschöpf zu einem geradezu repräsentativen Kind aus dem gequälten Volke. Max Schrecks Hausmeister Quaquaro war der zynisch-gleichgültige Zuschauer der Tragödie.«

Münchner Neueste Nachrichten. Nr. 334. 8. Dezember 1932.

23 Der starrsinnig-prinzipientreue, seine Familie mit engherziger Rechtschaffenheit tyrannisierende Tischlermeister in Friedrich Hebbels bürgerlichem Trauerspiel »Maria Magdalene« (1844).

In seiner Besprechung der Münchener Inszenierung schreibt Hermann Esswein über den Dichter:

»Kann sein Werk von 1911 heute noch so gespielt werden, wie man es in dieser denkwürdigen Festvorstellung der Münchener Kammerspiele im Schauspielhaus erlebt hat, dann ist dieser Siebzigjährige kein Jubilar, dessen geistige Leistung man als historisch betrachten dürfte, sondern eine sehr aktuelle Erscheinung, die erst jetzt beginnt oder aufs neue wieder anfängt, brennende Zeitfragen zu beantworten. Das schicksaldurchwitterte soziale Durcheinander des Rattenmilieus, die Teilnahme am Menschlichen, der Liebe, die uns allen nottut, je dumpfer der Bann auf allen lastet, das alles ist nicht von gestern, das alles sollte zu Ehren des unveralteten Dichters als von jetzt und heute erkannt werden.«

Münchener Post. Nr. 285. 8. Dezember 1932.

Im publizistischen Zentralorgan der Nationalsozialisten lobt auch Rainer Schlösser Regie und Darsteller dieser Aufführung. Seine Besprechung – unter der Überschrift »Gerhart Hauptmann und kein Ende!« – verdeutlicht jedoch zugleich, weshalb das Stück in den folgenden Jahren bis 1945 von den deutschen Bühnen verdrängt wurde:

»Gewiß, das Werk verrät eine mitunter geradezu verblüffende Beobachtungsgabe, viele feine Züge, sogar – was bei Hauptmann nicht allzu häufig ist – Humor; es ist aufs ganze gesehen auch bühnenmäßig nicht ungeschickt, wenn auch reichlich verzwickt angelegt – aber doch nach Art der Mosaik-Technik: Eine Kleinigkeit an die andere, ein Farbtupfen an den anderen. Das Ergebnis ist eine geradezu erstaunliche Intensität des Milieus, *die auf Kosten des eigentlich Dramatischen geht*. Die *Neben*sache wird *Haupt*sache – dieses Eindrucks erwehrt sich keiner, der den Aberglauben der Milieutheorie überwunden hat. Es haben ihn aber die meisten Deutschen schon längst über-

wunden, und damit ist dieser Kunst das Todesurteil gesprochen.
Gegen die Milieu-Versessenheit kommt das menschlich ergreifende Schicksal der Hauptgestalt, das traurige Los eines Weibes, das unerfüllte Sehnsucht nach Mutterschaft in Mord und Verbrechen verwickelt, nicht auf. Um so weniger, als das auch die breitausgesponnenen Episoden um die Familie des Theaterdirektors Hassenreuter und den Theologiekandidaten Spitta unterbinden. So kam ein ziemlich gewaltsam zusammengepreßtes Allerlei von Handlung zustande, in dem Dichtung neben Kolportage steht, echte Gemütstöne neben fataler Dirnen- und Verbrechersentimentalität, seelisch Subtiles neben kraß Kriminalistischem. Und lähmend legt sich über das Ganze der für Hauptmann bezeichnende *dumpfe Pessimismus eines abgestandenen Vorkriegsliberalismus*, der – von einigen Geschmacklosigkeiten abgesehen, die nicht nur gegen den Hurrapatriotismus, sondern gegen nationales Denken überhaupt zu zielen scheinen – nicht einmal die Kraft des Widerstandes gegen seine Widersacher aufbringt. Kein Ausblick, keine Entscheidung – nur Müdigkeit, Resignation. Was soll das noch in einer Zeit, die Perspektiven von säkularer Bedeutung eröffnete?! Einem neuen Geschlecht deucht *das* Unnatur – *nicht* der tatgewillte Feuergeist unserer großen Dramatiker, gegen den Hauptmann in den ›Ratten‹ polemisiert . . . [. . .]
Die Aufführung war schlechthin vollendet. Die Inszenierung Otto Falkenbergs beschwor die gespenstige, unheimliche Welt des dunkelsten Berlins mit beängstigender Eindringlichkeit. [. . .] Kurt Horwitz hätte den Bruno Mechelke weniger problematisch geben dürfen: Das Verbrecherische trat zu sehr zurück. [. . .] Edith Schultze-Westrum eine unerhört gekonnte ›Göhre‹, frech und verschüchtert in einem, zitterndes Nervenbündel aus erblicher Belastung. [. . .]
Und nun dächten wir, sollte man soviel künstlerischen

Aufwand anderen als im wesentlichen literarhistorisch ›interessanten‹ Aufführungen zuwenden ...«

Völkischer Beobachter. Münchener Ausgabe. Nr. 345. 10. Dezember 1932.

In seiner anläßlich der Feier von Hauptmanns 70. Geburtstag am 11. Dezember 1932 im Münchner Nationaltheater gehaltenen Rede führt THOMAS MANN aus:

»Als Schulstücke einer umkämpften Richtung betrachtete man einst bei ihrem Erscheinen ›Fuhrmann Henschel‹, ›Rose Bernd‹ und ›Die Ratten‹. Heute sieht man sie in anderem Licht: sie sind keine experimentelle Literatur mehr, sind Volksstücke – und zwar die stärksten, an kühn und erbarmend gesehener Menschlichkeit reichsten, die in Deutschland und damit wohl auch in der Welt geschaffen werden. Was heute in dieser Richtung versucht und gemacht wird, – sehen wir doch hin, es lebt ja von ihnen; die Bruckner[24] und Brecht wissen es hoffentlich selbst, daß sie Hauptmann ihr Bestes verdanken.«

Thomas Mann. Gesammelte Werke. Frankfurt a. M.: S. Fischer, 1974. Bd. 10. S. 336.

Im Dezember 1937 wird das Stück am Wiener Burgtheater inszeniert. Hauptmann, der sich vom 5. bis 8. Dezember in Wien aufhält, wohnt der Premiere bei.
Unter der Regie von Leonard Steckel erfolgt im Herbst 1940 (Premiere 3. Oktober) eine Neueinstudierung am Zürcher Schauspielhaus, dessen Ensemble seinerzeit zahlreiche exilierte Künstler angehörten.
J. R. WELTI charakterisiert das Stück und Steckels Inszenierungskonzept:

»Auf der Höhe seines Schaffens, 1911, hat Gerhart Hauptmann mit den ›Ratten‹ eines seiner fülligsten, in

24 Ferdinand Bruckner, Deckname für Theodor Tagger (1891–1958); erfolgreicher Dramatiker der zwanziger Jahre in Berlin.

der Anlage großartigsten Werke der Bühne übergeben. Die Vielfalt des Lebens und menschlicher Schicksale an den Bewohnern einer Berliner Mietskaserne aufzuzeigen, schuf Hauptmann zum erstenmal in seiner Zeit einen dramatischen Querschnitt, der dem Großstadtproletariat der 1880er Jahre galt. Eine ehemalige Militärkaserne im Osten der Stadt ist der Lebensraum zahlreicher, kleiner Mieter. Vom Keller bis hinauf auf den Estrich haben sie sich eingenistet. Ein ständiges Kommen und Gehen herrscht in dem morschen, rattenverseuchten Haus. Auch die menschlichen Insassen haben das Unstete, Huschende und Wühlende der im Gebälk nistenden Vierbeiner. Lachen und Weinen stehen hart nebeneinander, das Tragikomische des Lebens wird mit aller Deutlichkeit enthüllt.

Aus der Vollkraft seines dramatischen Gestaltungswillens und -vermögens heraus hat Hauptmann dieses Zeitbild geformt, im vollen Bewußtsein der gegensätzlichen Richtungen und sich kreuzenden Spielarten, die das Wesen der Tragikomödie deutlich zu machen nötig sind. Was dem Werk vor zwanzig Jahren zum Vorwurf gemacht wurde: Überfülle der beleuchteten Schicksale und Sprunghaftigkeit der Situationen, ficht uns filmgewohnte Heutige kaum mehr an. Imponierend aber treten heute, namentlich in einer so meisterlichen Inszenierung, wie sie Leonard Steckel für das Schauspielhaus geschaffen hat, die dramatisch-dichterischen Vorzüge der ›Ratten‹ in Erscheinung. Aus dem komödienhaft-unterhaltlichen Wirrwarr des Anfangs schält Steckel den tragischen Kern des Stükkes heraus, führt zielbewußt das Schicksal von Muttern John in den Vordergrund, der Frau des Maurerpoliers, deren Sehnsucht nach einem Kinde die Mietskaserne in ein Gespinst von verbotener Heimlichkeit und schreckhaftem Jammer verstrickt. Kluge Kürzungen am Wort zumal weitschweifiger Nebenaktionen, dazu ein Spieltempo, das nirgends in überbetonter Milieuausmalung

verplätschert, sorgen für immer stärker werdende Konzentration auf das Kernstück. [...]
In dem Moment, da Therese Giehses Maurersfrau die Sehnsucht nach dem Kinde packt, heißt das Stück ›Frau John‹. Schlechthin großartig, wie die Künstlerin in dieser Rolle aufgeht, sie durchlebt und dieses Erleben suggestiv auf den Zuschauer zu übertragen versteht. Eine große, unvergeßliche Leistung. Ebenbürtiges gibt Maria Becker als geplagtes Dienstmädchen. Eine polnische Rose Bernd zeigt sich uns in ihren Ängsten und Nöten, in ihrer rebellischen Hartnäckigkeit auch, wenn die wirkliche Mutterliebe sie dazu treibt, das Kind zurückzuverlangen.«

Neue Zürcher Zeitung. Morgenausgabe. Nr. 1438. 5. Oktober 1940.

1952, anläßlich Hauptmanns 90. Geburtstag, werden die »Ratten« an mehreren Bühnen aufgeführt, u. a. am Burgtheater in Wien (Premiere 27. September) und an den Münchener Kammerspielen (Premiere 8. November). – Peter Loos urteilt über das Stück und über die Wiener Aufführung unter der Regie von Berthold Viertel:

»Das Stück gehört zu Hauptmanns ›Gesammelten Werken‹ und steht dort zwischen Kleinerem und Größtem. – Daß es nicht zu Letzterem gehört, liegt wohl darin, daß trotz aller Definitionen, die ›Ratten‹ keine Tragikomödie sind, sondern ein Lustspiel und eine Tragödie – *nebeneinander*. Daß Hauptmann seinen ›alten Lehrer, den Theaterdirektor Heßler, und überdies das ganze wimmelnde und kribbelnde Leben in dem charakteristischen Viertel um den Berliner Alexanderplatz zum Leben erwecken wollte‹, wie Hans von Hülsen, der Freund und Biograph berichtet[25] – der es ja wissen muß –, ist möglich, aber das Lustspiel, das dabei aus scharfem Witz und ›Raub der Sabinerinnen‹-

25 Vgl. Hans von Hülsen, »Gerhart Hauptmann. Siebzig Jahre seines Lebens«, Berlin 1932, S. 99.

Pointen[26] gemischt, entstand, ist nicht Kehrseite und Kontrapunkt der Tragödie der Frau John – es ist störend.
[...]
Berthold Viertel hat erreicht, was mit diesem Werk überhaupt zu erreichen ist – und wahrscheinlich mehr als je ein Regisseur vor ihm. Er hat das Lustspiel gedämpft, das Drama zu stärkstem Erlebnis gebracht und beide (nach den Möglichkeiten, die der Dichter gelassen hat) so verbunden, daß ein Ganzes entstand – ein großes Schauspielerstück von überwältigender Wirkung.
Wobei ich mit der Bezeichnung ›Schauspielerstück‹ keine Einschränkung machen will: die Schauspieler waren echte und ergreifende Menschen. Die lustigen und die tragischen. Der Theaterdirektor Harro Hassenreuter [dargestellt von Attila Hörbiger] und die Frau des Maurerpoliers John.
Was die Dorsch da weinte, kämpfte, tobte, litt, werden wir nicht so schnell vergessen. Ich habe mir während des ganzen Abends vorgenommen: diese Handbewegung vergißt du nicht, wie sie sich jetzt von dem Sessel aufrackert, mußt du beschreiben, wie sie auf die Pauline losstürzt, die ihr das Kind nehmen will, wie sie ihr dann schmeichelt, weil sie die Gefahr erkennt, mußt du genau ausführen, wie ihre armen Hände das Hufeisen umklammern, das ihr – o Hohn – Glück bringen soll, das ist entscheidend ... und jetzt steht nichts vor mir als die ganze Frau John – und das ist viel mehr. Aus einer einzigen Kraft besteht sie – ihr Adelbertchen läßt sie nicht aus den Klauen – es sind keine Hände mehr – und als man es ihr entreißt, das Kind, das doch gar nicht ihres ist, schließt sie nicht mehr die Hände ... ›Arme ausjestreckt ... Ihre Frau liecht lang uf Jesichte unten.‹
Die Frau John ist das. Nein, ich habe ganz vergessen: die Schauspielerin Käthe Dorsch: zur Feier Gerhart Hauptmanns.«

Der Abend (Wien). Nr. 227. 29. September 1952.

26 Vgl. Anm. 10.

Anläßlich der Münchener Inszenierung – durch Hans Schweikart, mit Therese Giehse (Frau John), Friedrich Domin (Hassenreuter), Hans Christian Blech (Erich Spitta) und Siegfried Lowitz (Bruno) – schreibt HANNS BRAUN unter der Überschrift »Herr unterschiedlicher Welten«:

»[. . .] Hauptmanns Schau- und Schauerspiel selber wollten manche doch auch jetzt noch nicht gelten lassen. Einwände gegen den naturalistischen Stil überhaupt und den melodramatischen Schluß im besonderen lassen sich natürlich vorbringen. Aber die Frage erhebt sich, ob Hans Schweikart bei all seiner Intensität, bei allem Gefühl des gebürtigen Berliners für die echten Zwischentöne aus dem ›schrecklichen Stück‹ so viel Herzabdrückendes hätte herauskeltern können, wenn es nicht eben doch auch ein ›schrecklich gutes Stück‹ wäre.
An prophetischer Kraft hat dieser Aufbruch zerstörender Mächte in den Herzen (und das ihnen korrespondierende Hervorwimmeln der Unterwelt) gar nichts eingebüßt; wir sehen 1952 nur besser, wie gut das schon 1910 gesehen war. Im Abstand gar dürfen wir Hauptmanns herzliches Mitgefühl mit all seinen Figuren, den Schuldigen zumeist, um so höher preisen, als wir von unsern neueren Dramatikern dergleichen entweder gar nicht oder nur in tendenziöser Einengung erfahren. Aber auch künstlerisch bewähren die ›Ratten‹ ihres Dichters Gabe: runde Menschen, ergiebige Rollen zu gestalten. Und etwas Überraschendes obendrein: wie reich, frei und selbstsicher spielen doch in der Exposition die unterschiedlichen Welten des Schauspieldirektors, der schon angeknackten Bürger und der sprungbereiten Verbrecher ineinander, wie spalten sich das Honorige und das Unhonorige gleicherweise auf!
Weit davon entfernt, dies Schauspiel schlecht zu finden, glaube ich, daß es seinen Gestalter als einen Organisten erweist, der auf verschiednen Tastaturen virtuos zu spielen anhebt und wacker fugend, doch so gänzlich effektschinderisch nicht endet, daß ›Die Ratten‹ nicht verdienten, als

›Muster‹ des naturalistischen Stils genommen und, wie etwas in seiner Art Klassisches, auch späterhin noch gespielt zu werden.«

Rheinischer Merkur. Nr. 47. 21. November 1952.

In der Spielzeit 1957/58 werden die »Ratten« an fünf Bühnen gespielt und rangieren damit nach der Anzahl der Inszenierungen hinter »Fuhrmann Henschel« (9 Inszenierungen) und »Der Biberpelz« (8). In der Saison 1958/59 stehen die »Ratten« mit wiederum fünf Inszenierungen gleichfalls auf dem dritten Platz, diesmal hinter »Der Biberpelz« (9 Inszenierungen) und »Rose Bernd« (7) und vor »Vor Sonnenuntergang« (4).

1959 stehen die »Ratten« im Programm der Ruhrfestspiele Recklinghausen. Nach dem Urteil von HENNING RISCHBIETER wurde hier »Maßstäbe Setzendes hervorgebracht«; er richtet sein besonderes Augenmerk auf die Darstellung des jungen Spitta – durch Klaus Kammer – und betont deren Bedeutung im Inszenierungskonzept Willi Schmidts, der das Stück schon einmal 1946, seinerzeit am Berliner Schloßparktheater, einstudiert hat:

»›Die Ratten‹ sind – jede neue Begegnung mit dem Stück verstärkt diesen Eindruck – dasjenige Drama Gerhart Hauptmanns, das heute als Kunstwerk am meisten überzeugt. Woran liegt's? Ich denke, an der ›Fügung‹, an der kunstvollen, bewußten Entgegensetzung der Figuren, Situationen, Welten. Das Stück hat gerade durch seine kunstvolle, komplizierte Konstruktion einen hohen Grad von Objektivität und Dauerhaftigkeit. Dagegen erscheinen andere Stücke Hauptmanns im Milieu steckengeblieben, ins ›Leben‹ eingewühlt – nicht so ›Die Ratten‹.

Allerdings, die Recklinghäuser Festspielinszenierung von Willi Schmidt ist auch dazu angetan, das deutlich zu machen. Sie ist ebenso hohen Ranges wie das Stück, von gleicher klarer Vielgliedrigkeit. Schon das Bühnenbild (vom Regisseur selbst entworfen) vermeidet Milieuüberschwemmung: der Dachboden mit Hassenreuters Restfundus ist hoch, weit, grau, zwei Rüstungen, ein Holzpferd, ein verschlissener Prunksessel bezeichnen den Ort, verstellen ihn nicht. In Johns Wohnung (ähnlich weit, eben ehemals Kasernenstube) gibt das Fenster den Blick auf ein Riesenfoto neobarocker Gründerzeitfassaden frei – schäbiger, kalter Bombast draußen, nüchterne Kahlheit drinnen. [...] Entscheidend in der künstlerischen Rechnung des Regisseurs war sicher die Figur des von der Theologie zum Theater emigrierten Kandidaten Spitta. Das ist hier keine plattverschwärmte, pubertäre Jünglingsfigur am Rande, wie man sie manchmal sehen kann, sondern (die Behauptung sei gewagt) das dichterische Bewußtsein selbst, das sich in dieser jämmerlichen Gestalt darstellt, miteingeschlossen in den Kosmos der Dichtung, die Niederlage des dargestellten Lebens teilend, damit der Kunst ihr Sieg werde. Klaus Kammer, unter den jungen deutschen Schauspielern durch gespannte Sensibilität hervorragend, bringt all das, diese schmerzlich überscharfe, mitfühlende Bewußtheit zum Ausdruck – wie er da sehr schmächtig steht, klein, im knappen, schäbigen, schwarzen Gewand, mit schiefer Schulter, den einen Arm schnell, scharf bewegend, halb Dozent, halb Erzengel, noch gedemütigte Kraft allein in den starrenden schwarzen Haaren.«

Theater heute. 1960. Heft 1. S. 19.

Zur Feier von Hauptmanns 100. Geburtstag werden die »Ratten« in der Spielzeit 1962/63 an 17 Bühnen inszeniert, u. a. in Innsbruck, Klagenfurt und Dresden, in Berlin, Bremen, Oberhausen, Düsseldorf, Kaiserslautern, Saarbrücken und Stuttgart.
Im September 1965 wird das Stück erneut am Zürcher Schauspielhaus gegeben, diesmal unter der Regie von Leopold Lindtberg. – Über diese Inszenierung schreibt Elisabeth Brock-Sulzer:

»Ein problematisches Stück sind ›Die Ratten‹, ein Höhepunkt des realistischen Theaters, gerade dadurch, daß sie den puren Realismus weit überschreiten. Aus einem scheinbar höchst simplen dramatischen Grundgefüge, der Überschneidung zweier sozialer Kreise, der im Grunde bürgerlichen Welt des Theaterdirektors Hassenreuter und der proletarischen Welt der um ein Kind betrogenen Putzfrau John, gewinnt er eine Sprengkraft, die die Welt entlarvt, ihre Brüchigkeit bloßlegt, die Welt des gestorbenen 19. Jahrhunderts und darüber hinaus unsere heutige Welt. Man könnte sich eine Inszenierung denken, in der Johns Ausbruch, sein Haus sei durch und durch zerfressen von den Ratten, Ziel und Mittelpunkt wäre, wo also alles im Dienst einer vom Realismus nur durchsichtig bedeckten visionären Schau stände.

Lindtbergs Regie ist nicht so gewalttätig. An seiner Arbeit besticht die Feinarbeit, die sorgsame Verfugung der einzelnen Elemente, der Eindruck, hier sei das Werk von neuem und ohne vorgefaßte Meinung durchgedacht worden. Kühn ist an dieser Inszenierung das, was an ihr zurückhaltend ist, das, worin sie verzichtet auf das spektakulär Dramatische. Kühn ist also der kaum komische, noble Hassenreuter, wie ihn Fritz Schulz spielt. Er ist ein Herr, er ist sogar vielleicht ein Künstler, ein menschenfreundliches Wesen, klassisch gesinnt bis in die Knochen, aber kein Lügner. Schulz gibt den Hassenreuter ohne jeden Drücker, ohne Schmuddligkeit. Da ist noch eine Spur altfränkischer Verläßlichkeit, er ist Hausbesitzer und Hausvater zugleich. Was in seinem Haus geschieht, überrennt ihn, diese Welt versteht er als Bürger nicht mehr. Wohl aber geht ihm an dieser Welt eine neue Möglichkeit des Theaters auf, eben des Theaters, das Hauptmann geschaffen hat.

Als Fürsprech dieses neuen Theaters steht der junge Spitta da, der ungelenke Theologe, der ausgerechnet Schauspieler werden will, sich zu Hassenreuter verirrt, dort nur lernt, wie man (oder jedenfalls er) es nicht machen kann und machen darf, Spitta, der auf der Bühne seinen eigenen Stil, den Stil des neuen Theaters entdeckt. Peter Brogle spielt diesen Spitta in seiner ganzen Verklemmung und seiner endlichen Befreiung, spielt ihn schüchtern und verwegen zugleich, mit dem Mut der Verzweiflung über das eigene Versagen. Das ist sehr subtil, immer erlebt, eine Tat vor allem darin, daß Brogle die ihm so reich gegebenen komödiantischen Möglichkeiten asketisch beiseite schiebt und ganz von innen heraus gestaltet. Gretler, der den alten Spitta monumental versteinert verkörpert, ist diesem Sohn das richtige Gegengewicht.

Mit der Besetzung des John und seiner Frau ist Lindtberg auf sicher gegangen. Walter Richter und Heidemarie Hatheyer mußten unfehlbar Wesentliches gestalten und noch unfehlbarer das Publikum mitreißen. Beide gaben sie dumpfes Volk, Instinkt, Natur, spielten es so, als sei es Natur selbst, als könnten sie überhaupt nicht anders und nichts anderes spielen. [...] An der Frau John Heidemarie Hatheyers ist das Bestürzendste eigentlich ihre tiefe Ähnlichkeit mit ihrem Bruder, dem Mörder. Sie sind wirklich Geschwister, aus einem Stamm, einer Grundart. Beide sind sie auf das Verbrechen hin angelegt, Zufall ist es, ob sie die Anlage ausleben müssen oder nicht. So ist denn auch der Abschied vom Bruder etwas vom Stärksten der Aufführung, hier lebt die Mutter John ihre Mütterlichkeit wahrhaft aus, hier ist sie nicht usurpiert Mutter. Das ganze Spiel hindurch hält sich diese Frau John schwebend zwischen Bosheit und Güte, zwischen Ordnung und Verfall. Das ist in seiner Art einzig.«

Theater heute. 1965. Heft 11. S. 54.

Hans Neuenfels inszeniert im Sommer 1973 die »Ratten« für das Frankfurter Schauspiel (Premiere 31. August). Er stellt den Schauspielern anheim, ihren jeweiligen Heimatdialekt zu sprechen, und läßt die Rollenbücher entsprechend umschreiben. Sein Vorgehen erläutert und rechtfertigt Neuenfels in seinem Programmheft-Beitrag »Die Sprache«:

»Bekanntlich sprechen in den ›Ratten‹ John, Frau John, Bruno Mechelke, Selma, Quaquaro, Frau Kielbacke,

Schutzmann Schierke einen Berliner Dialekt. Abgesehen davon, daß dieser Dialekt ein Kunstdialekt ist, das heißt, von Gerhart Hauptmann erfunden aus dem schlesischen Idiom, ist er für unsere Schauspieler unsprechbar. Dialekt, auch wenn er in sich selbst verfremdet ist, bedeutet die direkte Beheimatlichung des Einzelnen und die damit verbundene Freiheit zur Gestaltung.
Wenn es vielleicht manchmal möglich ist, einzelne Stücke von Horvath oder Schnitzler zum Beispiel ins Hochdeutsche zu übertragen, so ist das bei Gerhart Hauptmann ausgeschlossen. Wie Hassenreuter Bildungspartikel einflicht, seine Frau eine asthmatische Sprache stöhnt, die Knobbe ihr Leid schauspielert, Pastor Spitta predigt, Walburga schwärmt, Erich Spitta zitiert, Piperkarcka ein Fantasiepolnisch redet, Alice Rütterbusch ein Kunstösterreichisch lispelt, so müssen sich die Volksgestalten dagegen absetzen. Das Babylon der Sprachen und die daraus entstehende Kommunikationsunfähigkeit ist der Grundgedanke des Stückes. Wenn wir uns darum entschlossen haben, sowohl das Österreichische wie das Schweizerische, dem individuellen Schauspieler beheimatete Dialekte, hinzuzufügen, so verstärkt dies noch die eben genannte Absicht. Wie Hauptmann das sogenannte Berlinerische, haben auch wir die Dialekte noch einmal in sich selbst verfremdet, das heißt, mit Vokabeln des Hochdeutschen und des Übernommenen durchsetzt. Das groteske Zusammentreffen der Personen wird dadurch verstärkt. Das Rattenmotiv, herwandern zu müssen in eine fremde Umgebung, um dort ›Brot‹ und Arbeit zu finden, ist nicht nur eine soziale Komponente, sondern gleichzeitig ein biblischer Vorgang.«

Schauspiel Frankfurt. Zeitschrift für die städtischen Bühnen Frankfurt 10/11 (1973) S. 19.

Unfähigkeit zur Kommunikation – nach Neuenfels »der Grundgedanke des Stückes« – ist auch eine Leitidee des Regiekonzepts von Hansjörg Utzerath, der die »Ratten« im September 1976 am Düsseldorfer Schauspielhaus inszeniert.

Das ergibt sich aus der »Eine neue Wirklichkeit« überschriebenen Kritik von Amine Haase:

»Warum Gerhart Hauptmann, in dessen komplizierter Seele ›der Gekreuzigte und Dionysos mythisch vereinigt waren‹, so Thomas Mann?[27] Warum die späten ›Ratten‹ (1911)? Das mag sich mancher Besucher des Düsseldorfer Großen Hauses vor der Premiere gefragt haben. Nach der Aufführung waren diese Fragen geklärt. Hansjörg Utzerath hatte mit seiner Regie und seiner Bühnenfassung, die er zusammen mit Paris Kosmidis erarbeitet hatte, nicht nur eine überzeugende Hauptmann-Inszenierung vorgezeigt, sondern gleichzeitig, so behutsam wie bestimmt, neue Wege zur Interpretation des ›Naturalisten‹ Hauptmann gewiesen: Eine neue Zeit für die vieldiskutierte Realismus-Rezeption? [...]
Die Düsseldorfer Bühnenfassung legt den Akzent auf die einzelnen Charaktere, nicht auf den Handlungsablauf. So macht sie, indem sie herkömmlich als Schwäche des Stücks bezeichnete Verästelungen und quasi pedantische Ausführlichkeit betont, zu seiner Stärke. Schwerpunkte werden durch Umstellungen hervorgehoben. Die Künstlichkeit einer Theater- und Mittelstands-Bürgerwelt im Gegensatz zu Proletariern und Arbeitern; Verständnis ist nicht möglich; jeder steht isoliert für sich.
Diese Unmöglichkeit von Kommunikation in Bilder umzusetzen, gelang Utzerath und den Schauspielern eben nicht durch das Erzählen einer ›Berliner Tragikomödie‹, sondern durch das Aneinander-reihen von Szenen mit Menschen, die ihre Nöte unter einer dicken Kruste von Eitelkeit und Selbstsucht verstecken oder nach dumpfem Schweigen aufbrechen, ihre Qual hinausschreien. Das Hinwenden zu den Menschen, die als einzelne ihr Schicksal tragen, gibt den Blick frei auf die Schauspieler. Und Utzerath brachte sie zu hervorragenden Leistungen.

27 Haase zitiert (ungenau) aus Thomas Manns Rede zu Hauptmanns 90. Geburtstag.

Das Signal, daß hier etwas Neues, Unerhörtes auf der Bühne geschieht, ist gleich beim Aufgehen des Vorhangs gesetzt: Ein riesiger Raum, nur mit Matratzen gefüllt, in den die Schauspieler durch Falltüren heraufsteigen. Links eine rot-weiß-goldene Theaterloge. Daß es sich nicht um Theater-Manierismus handelt, beweist natürlich erst die gesamte Aufführung. Der Zuschauer muß sich erst ein-sehen und vor allem ein-hören. Der unterschiedlich gefärbte (und gekonnte) Berliner Akzent ist nicht gleich gut verständlich; und – das leider während der ganzen drei Aufführungs-Stunden – der große, mit Matratzen gepolsterte Bühnenraum verschluckt vieles.
Auch die Betonung der Künstlichkeit ist zu Anfang gesetzt: Theaterdirektor Hassenreuther (Wolfgang Arps) probiert mit seinen Eleven Schillers ›Braut von Messina‹ in ungetrübt prätentiöser Pose. Mit derselben pathetisch-artifiziellen Geste wird er zum Schluß ein weißes Tuch über das Seelen-Schlachtfeld der Johns werfen. Kindesraub, Mord, Selbstmord können seinen Kunst-Sockel nicht zum Wanken bringen.
Wie eine photographische Serie breitet Utzerath die Typologie der Hauptmann-Geschöpfe vor uns aus (Nicht umsonst ist das Programm mit August Sanders Stände-Photos[28] illustriert): Authentische Dokumentation (wie Sanders Photographien) und gleichzeitig durch die Mittel eines künstlichen Mediums (das Theater) auf eine un-wirkliche Ebene gerückt. Was sich bei der Fülle, vor allem ›realistischer‹ Theaterexperimente wie eine Revolution ausnimmt, ist also tatsächlich die Rückkehr zu den herkömmlichen, theater-eigenen Möglichkeiten.
Daß diese bei Utzerath ja gewohnte Rückbesinnung Zukunft hat, zeigen die Schauspieler. Sie fesseln das Publikum

28 August Sander (1876–1964), Porträtphotograph; arbeitete seit 1910 an dem Projekt »Menschen des 20. Jahrhunderts«. Abgelichtet werden sollten »idealtypische Vertreter« aller Gesellschaftsschichten und Berufsgruppen. Der erste und einzige Band einer insgesamt auf 20 Folgen angelegten Reihe erschien 1929 unter dem Titel »Antlitz der Zeit«.

drei Stunden lang – was man von der Geschichte der Frau John nicht behaupten kann, die das Kind des Dienstmädchens Pauline Piperkarcka als eigenes ausgibt und sich verzweifelt bis zu Mord und Selbstmord an das Kind hängt. Die Bilder von Menschen, die Utzerath vorführte, gehen uns direkt an! [...]
Liebe kennen diese Menschen nicht, höchstens Sex, der aber auch nicht gelingen will; nicht einmal bei dem Ex-Theologiestudenten und Schauspielschüler Erich Spitta (Michael Abendroth, sehr behutsam, fast zaghaft) und Walburga, Theaterdirektors-Tochter (Alberta Schatz, spontan und frisch). Die Ersatzhandlung – Erich sticht mit einer Theaterlanze, von Freiheitsparolen geschüttelt, in eine Matratze; Walburga begleitet die Hiebe mit wollüstigem Stöhnen – ist beispielhaft für Utzeraths Analyse mit Bildern.
Die einzigen, die Zärtlichkeit füreinander aufbringen, sind Frau John und ihr Mörder-Bruder Bruno, die am tiefsten Gesunkenen. Vorsichtig streichelt, wäscht und füttert die John ihren Bruder; ein Bild, das in Erinnerung bleibt, wie die ihre Verzweiflung herausheulende Frau John, die ihr Gesicht in den Matratzen-Bergen vergräbt. John hat sich stumm ans Grammophon gesetzt, seiner Frau den Rücken zugedreht und hört deutschen Gesang.«

Rheinische Post. Nr. 224. 24. September 1976.

Mit Günter Lamprecht (John), Cordula Trantow (Frau John), Will Quadflieg (Hassenreuter) und Gottfried John (Bruno) inszeniert Rudolf Noelte im Herbst 1977 die »Ratten« für die Freie Volksbühne (West-)Berlin (Premiere 1. Oktober). – Diese Inszenierung bespricht Rolf Michaelis unter der den Titel eines Hitchcock-Films variierenden Überschrift »Fenster zum Tod«:

»Am Ende, nach fast vier Stunden, ist die Bühne leer. Nur das Schreien eines Kindes füllt den Raum: ›Herr John! Herr John! Ihre Frau ... Arme ausjestreckt ... Ihre Frau liecht lang uff Jesichte unten ... Herrjott ... Mutter John hat sich umjebracht.‹

Da erst nehmen wir wahr, daß nicht alle Personen, die eben noch in der riesigen Wohnküche saßen, hinausgestürzt sind, um Mutter John in ihrer Verzweiflung beizustehen. Bis zur Hüfte beugen sich aus zwei schmalen Küchenfenstern die vier Personen einer Schauspielerfamilie hinaus: Die wollen, daß man zu ihnen hinaufschaut als zu denen, die Leben nachspielen, starren hinunter in den Hof, in den sich eine Frau, aus Unglück über das Leben, zu Tode gestürzt hat. Über dieses für Rudolf Noeltes Inszenierung von Gerhart Hauptmanns ›Berliner Tragikomödie‹ aus dem Jahr 1911 ›Die Ratten‹ charakteristische Bild fällt in der Freien Volksbühne Berlin der Vorhang.

Diese Chiffre für die Tragi-Komödie kehrt immer wieder: Die mit dem Tod zweier Mütter (einer richtigen, einer falschen) und eines Säuglings endende Tragödie der Mutterliebe und die Komödianten-Komödie von den in Ideen, Worte, Frauen verliebten Menschendarstellern zwingt Noelte in das Bild der glotzenden Leute, die auf das tödliche Leben der Mitmenschen wie auf ein Schauspiel starren, teilnahmsvoll, tatenlos.

Da streiten sich auf dem Dachboden einer Mietskaserne im alten Berlin zwei – richtige – Mütter um den in einem Steckkissen liegenden Säugling. Während sich der stellungslose Theaterdirektor in sophistisch wortverspielten Galanterien an die Adresse beider Frauen ergeht: ›Jede von Ihnen könnte zwar die Mutter von Zwillingen sein – ein Kind mit zwei Müttern ist nicht zu denken‹, holt ihn die Tochter in die Wirklichkeit zurück: ›Papa! So sieh doch mal erst das Kind!‹ Bei Hauptmann ›betrachtet‹ Direktor Hassenreuter ›einige Zeit das Kind‹ und stellt dann die Diagnose: ›Das Kind ist tot!‹ Bei Noelte laufen alle (neun) Menschen aus allen Ecken der Bühne zusammen, knien vor dem Menschenbündel oder beugen sich über die Knienden, erleben als schweigende Zuschauer den Auftritt des Todes.

Die (uns Zuschauer repräsentierende) Gruppe von stellungslosen oder angehenden Schauspielern als Zuschauer trifft sich zum Schluß in Frau Johns Wohnküche. Das Gespinst aus Lügen reißt: Frau John verliert das Kind, das sie einer armen Hausgehilfin abgekauft und als eigenes ausgegeben hat. Das große Kanapee, das in allen Inszenierungen Noeltes der letzten Jahre an der Bühnenwand steht – hier ist es die weißgelackte Holzbank vor dem runden Nußbaumtisch einer kleinbürgerlichen Wohnküche. Dort sitzen der Theaterdirektor, seine Frau, die Tochter und ihr Freund, der beim künftigen Schwiegervater Schauspielunterricht nehmende Kandidat der Theologie.
Sie schauen zu, wie die Ehe, ja: die Liebe, von zwei Menschen, die ein Kind haben wollen, stirbt, weil die Frau in ihrem Bedürfnis nach Zärtlichkeit und Bemutterung ein Kind gekauft hat. ›Du hast mir zujrunde jerichtet!‹ – so die Anklage der Frau. ›In so'ne Nähe, bei solchet Jesindel bleib ick nich . . . Allens is hier morsch! Allens unterminiert, von Unjeziefer von Ratten und Mäuse zerfressen!‹ – so der Mann. Zwar mahnt der Theaterdirektor immer wieder zum Aufbruch (›Kommt, Kinder!‹), aber auch er bleibt sitzen, gibt sich mit der Rolle des Zuschauers zufrieden: ›Wir können hier nichts weiter tun‹ – und läßt einen Menschen in den Tod stürzen.
In dem eindrucksvoll wiederholten, sinnbildlichen szenischen Signal kann der Regisseur alles versammeln: Kontrast von Leben und Tod, Mutter-Kind-Tragödie und Schauspieler-Komödie, stummes Leid triebhaft handelnder Menschen und geschwätzigen Kommentar unbeteiligter Nachbarn – und die Kritik an solcher Haltung. Indem er die Menschen immer wieder an das Fenster zum Tod stellt, schärft Noelte den Blick der Zuschauer für eine sich mit bloßem Zuschauen begnügende Rolle im Lebensspiel.
Wie schon in früheren Inszenierungen (›Eines langen Tages Reise in die Nacht‹[29] in Hamburg, ›Nora‹ in Berlin) tilgt

29 1956 publiziertes Stück des amerikanischen Dramatikers Eugene O'Neill (1888–1953).

dieser Regisseur, der sein bester Dramaturg ist, alle nur noch historischen, lokalgeschichtlichen, folkloristischen Anspielungen, befreit Handlung und Personen von allem Rankenwerk der Vergangenheit, verweigert den Gestalten alle in die Karikatur treibenden Auswüchse – und erreicht doch keine Nivellierung, sondern eine Betroffenheit, wie sie nur von Zeitgenossen ausgehen kann, selbst wenn sie, wie in Berlin, in den von Elisabeth Schewe geschneiderten, schönen historischen Kostümen der Jahrhundertwende stecken.
[...]
In Walter Dörflers Bühnenbild, dem von Lichtschneisen gegliederten, mit Kostümen vollgehängten Dachboden, einem kaltgrauen Wohnraum mit wenigen, zufällig erworbenen Möbeln, entfaltet Noelte den Reichtum seiner Lichtregie (Gewitter mit Blitz und Regen) und widerlegt, auch wenn nur zwei Personen auf der Szene sind, die Klage über die unbespielbar großen Bühnen moderner Theater.«

Die Zeit. Nr. 42. 7. Oktober 1977. – © Rolf Michaelis, Hamburg.

»Ein Milieu-Krüppel« überschrieb Sibylle Wirsing einen Beitrag über Noeltes Inszenierung, in dem sie die darstellerische Leistung Gottfried Johns als Bruno Mechelke besonders würdigt:

»Gottfried Johns Bruno ist ein düpiertes und resigniertes Kind, verkörpert in einem alten Jüngling, einem Milieukrüppel, der in der Schule des Lebens frühzeitig sitzengeblieben ist und aus eigenem Elan nur ganz notdürftig erwachsen werden konnte. Als Seelenstotterer, schlenkernd in seinem Existenzgehäuse, schlotternd in den durchgebeulten Anziehsachen, kommt er auf die Bühne und macht uns ohne irgend eine bösartige Absicht allein durch die Haltlosigkeit Angst. Aber wie einer, der seit eh und je an Krücken geht, ist er auch ein Virtuose im Umgang mit seiner Behinderung; gewiß, ein zurückgebliebener Mensch, doch nicht etwa derart, als ob das infantile Gemüt ohne Charme und Sensibilität wäre. Das Glück ist schon voll, wenn er seine Faxen machen darf, ein bißchen Allotria am schmalen Lebensrand, und sei es nur, daß er wie ein Luftikus entlang der Teppichkante balanciert, während seine Schwester Jette, die herbe Frau John, über seinen Lebenswandel räsonniert und ihn nebenbei für ein dunkles Geschäft einspannt.

Rudolf Noelte hat die expressive Darstellung gelten lassen, obwohl sie in sein Schema, das den Nebenfiguren nur einen minderen Seelenrang gestattet, nicht hineinpaßt. Gottfried John ist aus dem Hof der bizarren Bilderbuchgestalten, mit denen dieser Regisseur die zentralen psychologischen Vorgänge regelmäßig einfriedet, ausgebrochen [...].

Die schmale Basis, nicht mehr als zwei Auftritte, genügt: Bruno Mechelke anfangs als die Sozialkreatur, die sich mit ihrer traurigen Verlumptheit und einem Hauch von Penner-Noblesse gegen die Kleinbürger absetzt, und danach als Opfer seiner Tat, der Mörder, der zwar weiß, was er gemacht hat, aber nicht, wie ihm geschehen ist.

[...] Den feinen Unterschied zu erfassen, daß er die Piperkarcka zwar aus der Welt schaffen, aber nicht umbringen sollte, war zu viel verlangt von Bruno. So schreitet er auch jetzt in der Küche der Schwester monströs aus, ohne Augenmaß und immer am Ziel vorbei. Er will mit der Sprache heraus, aber die Erinnerung taumelt, die Worte stolpern, der Hergang zerstückelt, und viel ist schließlich nicht gewesen.«

Theater heute. 1978. Heft 13 (Sonderheft). S. 15 f.

Im Juni 1986 inszeniert Manfred Karge das Stück am Schauspielhaus Köln, wobei er sich beim fünften Akt auf die Entwürfe und Vorfassungen stützt, in denen Frau John nicht durch Suizid endet, sondern wahnsinnig wird. – Karges Konzeption charakterisiert C. Bernd Sucher in einer »Verlorene aller Stände« überschriebenen Kritik:

»Auf gepackten, riesigen Strohkörben – wie bei Tschechow[30] – sitzen Frau Theaterdirektorin Hassenreuter und die Schauspielerin Alice Rütterbusch in dem dunklen großen Raum, Hassenreuters Kostümfundus. Abreisefertig, bereit, dem Mann, den sie beide lieben, nach Straßburg ans Theater zu folgen, mit ihm zu leben (die eine), zu arbeiten und zu lieben (die andere). Sie reden über ihn, den Schwierigen, während Walburga Hassenreuter mißmutig hohe Stapel von Theatertexten aus dem Nebenraum anschleppt und verpackt. Langsam schleicht sich in der Tiefe Mutter John in den Raum, das Kind, das sie Pauline Piperkarcka abgeschwatzt, abgetrotzt, abgekauft hat, in den Armen. Ungesehen gelangt sie zur eisernen Wendeltreppe, steigt sie hinauf und gelangt – im Schnürboden – an den Tatort zurück. Hier wurde das Kind, die Liebe, der Verrat geboren; hier, im Dreck zwischen den Ratten, fühlt sich Mutter John sicher. Doch sie wird aufgespürt.

Nachdem nämlich bei Theaterdirektorens die erlogenen Harmonien zertrümmert, Selbstbetrug und Betrügereien aufgedeckt sind; nachdem Alice sich losgesagt, Erich Spitta, Walburgas Liebster, endlich, durch eine kleine Erpressung, das Ja-Wort ihres Vaters erlangt hat; nachdem das Liedchen vom Glück, das ein Stück vom Himmel sein müsse, verklungen ist, das sich der alte Hassenreuter karrieretrunken und besoffen vor Eitelkeit vom Plattenspieler tönen läßt, stürzt Paul John herein. Er fordert seine Frau heraus, mit der Pistole. Als ginge sie dieses Tohuwabohu überhaupt nichts an, steigt Henriette John die Treppe hinab, ein Kissen in den Armen. Sie singt. Doch in den Federn liegt nicht das Kind, dem sie zärtlich den Namen ihres Bruders gibt, sondern ein Stück Holz, das sie unter den Federn begräbt, die sie aus dem weißen Tuch zieht. Im Schnürboden weint der Knabe, wird heruntergeholt, ins

30 Gemeint sein dürfte der vierte und letzte Akt – Auszug aus dem Gutshaus – von Anton Tschechows »Der Kirschgarten« (1904).

Waisenhaus getragen. Die Soldaten führen Vater John in Handschellen ab, und seine Frau blickt leer, wie tot, auf das Holz.

Eine neue Fassung

Manfred Karge hat sich für eine Kompilation aus Hauptmanns frühen Fassungen des fünften Aktes entschieden, hat zuvor schon auf den Besuch des Pastors Spitta verzichtet. Zum einen, um die beiden Handlungsstränge – hier Hassenreuter, dort die John – enger miteinander zu verknüpfen; zum anderen, um auf der Bühne zu beweisen, was der junge Spitta behauptet und wozu sich endlich auch der konservative Hassenreuter durchringt: daß nämlich ›die Tragik nicht an Stände gebunden‹ ist. Karge meint jedoch, anders als die beiden in Hauptmanns Stück glauben, nicht allein die Johns und die Dienstmädchen. Die sogenannten höheren Stände sind in dieser Aufführung nicht ausgenommen: die Hassenreuters, die Spittas und Sidonie Knobbe, die rauschgiftsüchtige Hure aus bestem Haus. Alles Verlorene, Belogene, die einander betrügen.

[...]

Schlechtes Gewissen treibt sie alle um und an, auch Bruno Mechelke, Frau Johns Bruder. Martin Brambach spielt diesen Unseligen, der stets mißbraucht wird, ins Zentrum. Dieser Bruno demonstriert seine Menschenverachtung, indem er eine lebende graue Maus auf Händen trägt. Brambach und Lore Brunner machen deutlich, wie stark die beiden Mechelkes aneinander gefesselt, voneinander abhängig sind – und wie sehr sie sich lieben, sie, die in den Augen der anderen beide Verbrecher sind.

Adolf Laimböck als Hassenreuter war mir manchmal zu jovial, Elke Czischeks Walburga von übermäßig extrovertierter Blödigkeit und Karl Fischer (Erich Spitta) zu duckmäuserisch, mit den hochgezogenen Schultern und der erstarrten wachsfarbigen Miene. Hausmeister Quaquaro (Wolfgang Rüter) gibt sich prä-faschistisch, und Sidonie Knobbe wandelt grandios zwischen Salon und Sumpf,

kippt und kifft, fällt in Posen und Latrinen. Rosalinde Renn, die Frau mit Vergangenheit, ohne Zukunft. Eine Schauspielerin mit future.
Keiner palavert in dieser Kargeschen Interpretation vom ›praktischen Christentum‹, niemanden erlöst, wie in Hauptmanns Endfassung, der Tod von diesem Leben. Alles bleibt morsch, wird maroder noch. Und wir ahnen, daß schon die Kinder von Walburga und Spitta den rechten Arm heben werden und ›Heil Hitler‹ brüllen. Ist das der rechte Augenblick, so scheint Karge mit Hauptmann zu fragen, sich zu streiten über Lessing und Diderot, Schiller und Goethe?«

Süddeutsche Zeitung. Nr. 145. 28./29. Juni 1986. –
© C. Bernd Sucher, München.

Unter der Überschrift »Mutter John wird wahnsinnig« schreibt Reinhard Kill über Karges Kölner Inszenierung:

»Eine ›Berliner Tragikomödie‹ hat Gerhart Hauptmann seine 1911 uraufgeführten ›Ratten‹ genannt. Diesen doppelten Anspruch im Gleichgewicht zu halten, gelingt den Regisseuren fast nie. Entweder drückt sich der abgehalfterte Theaterprinzipal Hassenreuther in den Vordergrund, mit donnerndem deutschnationalen Pathos, mit idealistischen Phrasen über seinen Berufsstand und dessen hehren Bildungsauftrag. [. . .] Oder das Schicksal der ihrem Muttertrieb ausgelieferten, ihm bis zum Mordauftrag zwanghaft gehorchenden Kleinbürgerin John füttert unser schniefendes Mitleid. Schauspieler-Komödie oder Mutter-Kind-Tragödie also.
Auf diese fatale Alternative hat sich Manfred Karge in seiner Kölner ›Ratten‹-Inszenierung nicht eingelassen. Er unterschlägt keineswegs die Komik der liederlichen Lust geschwätziger Komödianten. Er zeigt ebenso die trostlose Last der vom Leben schier Erdrückten – kritisiert aber beide Haltungen, ohne die Personen zu karikieren oder zu denunzieren. Und er verknüpft sinnreich die zwei sonst meist strikt getrennten Handlungs-Ebenen.

Einige Takte aus Charles Ives' ›Die unbeantwortete Frage‹[31] erklingen bedrohlich am Schluß jedes Aktes, halten das Weitere, sogar das Ende offen. Vincent Callaras riesiger Dachboden – der sich mit einer Wendeltreppe ins Ungewisse fortsetzt – ist mit dem Kostümplunder aus Hassenreuthers besseren Zeiten bloß spärlich gefüllt. In diese Breitwand-Talmikulisse wird nun jeweils die enge Wohnküche des Ehepaars John hineingeschoben. Die Grenzen des gesellschaftlichen Oben und Unten, die Trennung von Kunst und Leben scheinen aufgehoben. Eins geht ins andere über, ist dessen Spiegelung.

Karge setzt mithin nicht auf die Kontraste, sondern auf den Zusammenhang scheinbar grundverschiedener Existenzfelder, die sich in ihren Sehnsüchten und Verstrickungen derart verhängnisvoll ähneln. Der Maurerpolier John (Otto Kukla) etwa mag sich zwar als politischer Gegner des Bismarck-Verehrers Hassenreuther empfinden. In seinen Wertbegriffen jedoch, auch in seinem Verständnis der familiären Aufgabenverteilung von Mann und Frau unterscheidet er sich von dem dröhnenden Patriarchen überhaupt nicht.

Diese Verklammerung der sozialen Verhältnisse und seelischen Zustände verstärkt der Regisseur noch zusätzlich, indem er mehreren Darstellern jeweils zwei Rollen zumutet. Was beim ersten Blick auf den Besetzungszettel wie eine Kapitulation vor den dürftigen Kölner Theatermöglichkeiten anmutet, erweist sich bald als wohlbedachter Teil der Interpretation. [...]

Rosalinde Renn tritt als angejahrte ›Naive‹ auf, die sich mit ihrem Ex-Intendanten zu Schäferstündchen auf dem Speicher trifft, und als von ihren wechselnden Liebhabern gedemütigte, sitzengelassene Morphinistin Sidonie. Susanna Kraus spielt das Polenmädchen Piperkarcka, das sich von Frau John sein Baby abschwatzen läßt, es dann jedoch

31 Charles E. Ives (1874–1945), »The Unanswered Question. A Cosmic Landscape« (1908), Instrumentalstück für Solotrompete, vier Flöten, Holzblas- und Streichinstrumente.

energisch zurückfordert, und die von ihrem Geschwister-Nachkömmling nervös überforderte Selma. Wolfgang Rüter beweist schon als pompöser Hofschauspieler die Spitzelqualitäten seines Hausmeisters Quaquaro. Der mehr linkische als unheimliche Totschläger Bruno (Martin Brambach) taucht als zackiger Polizeileutnant wieder auf. Lauter Verlierer, die nie eine Chance hatten.

Die Welt ist aus den Fugen, die moralische Ordnung auf den Kopf gestellt. Sie wieder ins Lot zu bringen, kann Karl Fischers zum Theater übergelaufener Theologie-Kandidat Spitta wenigstens vorläufig noch nicht gelingen. Noch hängt er seine schwärmerischen Träume von einer gerechteren, humanen Wirklichkeit bloß an seine Lesefrüchte. Trotzdem ist er in Karges Sicht wohl die einzig positive Gestalt, ein Versprechen auf die Zukunft.

Hassenreuther und Frau John fungieren als Partner in einem selbstzerstörerischen, andere zerstörenden Spiel von Vorstellung und Wirklichkeit, das nie aufgehen kann. Adolf Laimböcks Theaterdirektor auf Abruf wird vom Leid seiner Umwelt zwar durchaus angerührt, insbesondere von dem seiner Reinemachfrau, dieser ›Lady Macbeth aus der Mulackstraße‹. Aber die Seligkeit des Provinzmimen über eine neue Berufung an seinen alten Wirkungsort ist weitaus stärker – mag sie auch nur in seiner Einbildung bestehen. Diese Flucht in die Wahnidee teilt er mit Lore Brunners Mutter John. Die ungemein kraftvolle, in der Bundesrepublik derzeit einzigartige plebejische Schauspielerin setzt im Kampf um das ersehnte Söhnchen alle List, Härte, Überredungskraft und Gemeinheit einer skrupellosen Aufsteigerin ein. Aber Lore Brunner entdeckt uns auch die andere Seite der Mutter John, ihr Bedürfnis nach Wärme, Zärtlichkeit, Liebe, Bemutterung.

Die Kölner Frau John stürzt sich in ihrer Verzweiflung nicht auf den Hof der Mietskaserne. Die Unglückliche muß weiterleben – wahnsinnig geworden. Diese sich auf eine frühere Hauptmann-Fassung berufende Änderung ist überraschend, aber in sich schlüssig wie so vieles in der

Karge-Inszenierung. Sie gibt keine untröstlichen Schein-Antworten, sondern löst im Betrachter nachhallende Fragen aus.«

Rheinische Post. Nr. 149. 2. Juli 1986. – © Reinhard Kill, Düsseldorf.

Abschließend ist zu vermerken, daß die »Berliner Tragikomödie« auch mehrfach verfilmt wurde:
1921 (Stummfilm) in der Regie von Hanns Kobe, mit Lucie Höflich (Frau John), Eugen Klöpfer (John), Hermann Vallentin (Hassenreuter), Emil Jannings (Bruno) und Marija Leiko (Piperkarcka).
1955 in der Regie von Robert Siodmak, mit Heidemarie Hatheyer (Frau John), Gustav Knuth (John), Fritz Rémond (Hassenreuter), Curd Jürgens (Bruno) und Maria Schell (Pauline Karka).
Außerdem gab es bis 1979 drei Verfilmungen fürs Fernsehen, u. a. 1969 als Produktion des Westdeutschen Rundfunks in der Regie von Peter Beauvais, mit Inge Meysel (Frau John), Reinhard Kolldehoff (John), Paul Verhoeven (Hassenreuter), Uwe Friedrichsen (Bruno), Sabine Sinjen (Piperkarcka) und Dirk Dautzenberg (Pastor Spitta).

V. Aspekte der Werkdeutung

Die Frage, ob das Stück aufgrund seiner Gesamtkonzeption die Gattungsbezeichnung »Tragikomödie« zu Recht trage, wird seit seinem Erscheinen diskutiert und wurde von der frühen Kritik nahezu einhellig verneint. Man sprach von »zwei lose zusammengekoppelten Handlungen« (Mehring), monierte, daß die komische Nebenhandlung der tragischen Haupthandlung »nur lose aufgeklebt« sei (Eloesser), tadelte den mangelhaften »Plan des Stückes« (Jacobsohn), vermißte die »innere Logik« (Harden).
Unter dem Eindruck dieser Kritik entwarf Hauptmann im Frühjahr 1911 eine Erwiderung, zu deren Veröffentlichung er sich dann allerdings nicht entschließen konnte:

> »Fast nirgend in der Kritik reines und richtiges Auffassungsvermögen. Vom Teil zur Einheit des Ganzen muß der Zuschauer schreiten und wieder vom Ganzen zu den Teilen den Weg hin und her, wie ihn der Dichter während des Schaffensprozesses immer wieder geschritten ist. So entsteht, so rundet sich das Werk, so muß das Werk vom Zuschauer neu geschaffen werden, wenn es zu seiner Existenz in ihm gelangen soll, wie es im Dichter seine Existenz erzwang.
> [. . .]
> Ich lasse dahingestellt, wie oft ich während der Arbeit an meinem letzten Drama ›Die Ratten‹ den Weg vom Teil zum Ganzen und vom Ganzen zu den Teilen gegangen bin. Die Idee des Dramas bestand aus dem Gegensatz zweier Welten und hatte diese beiden Welten zum Ausgangsgrund. Nach meinen Begriffen gibt es eine errechnete Handlung nicht, also gibt es nur eine natürliche. Eine so natürliche Handlung entwickelt sich aus einem Komplex von Personen, die die Notdurft gesellschaftlichen Lebens zueinander bringt und die auch nur natürlich ist.
> In meinem Falle bestand die Voraussetzung der Tragikomödie in der Existenz des Theaterdirektors Hassenreuter,

der seinen Fundus im Dachgeschoß einer alten Reiterkaserne unterbringen mußte und der ein Reinmacheweib (Henriette John) dafür anzustellen genötigt war.
Sobald die sukzessive Bewegung dramatischen Lebens beginnt, bewegt sich Hassenreuter ideell und real im Kreise seiner Familie nach seinem ideellen und praktischen Interessenziel, Frau John ideell und real in der ihrigen und ebenfalls nach ihren praktischen sowie ideal[en] Interessenziel[en].
Sie haben im allgemeinen manche, im besonderen wenig Berührungen. So ist es am Anfang, so bleibt es zum Schluß. Allerhand Verflechtungen indessen, mechanisch und ideell, bringt ihnen unbewußt das Schicksal in ihre Beziehungen, und diese Verflechtungen und das Unbewußte dieser Verflechtungen stellen gleichnisweise etwas von dem tragikomischen Gehalt des blinden menschlichen Daseins dar.«

CA XI, 806 f. und 809 f. –

1943 erklärte Hauptmann: »Das Werk ist sehr kompliziert, eine Tragödie und eine Komödie sind in ihm unlöslich verschlungen« (CA XI, 1200; s. Kap. IV, S. 125). – Die neuere germanistische Forschung hat sich der Frage nach den gattungskonstituierenden Merkmalen und Komponenten des Stücks und damit der nach dessen tragikomischer Qualität intensiv gewidmet. Dies dokumentieren die folgenden Auszüge aus einschlägigen Publikationen.

Karl S. Guthke:

»Die nächstliegende Möglichkeit, das Tragische und das Komische in der dramatischen Gestaltung zu einem ästhetischen Ganzen zusammenzunehmen, ist die, die beiden entgegengesetzten Perspektiven in zwei Gestalten mit kommentatorischer Funktion auf Figur zu bringen, ein Verfahren, das man zweiseitige Point-de-vue-Technik

nennen könnte. Die Gleichzeitigkeit der konträren Einstellungen zu ein und demselben Geschehen ermöglicht es, zugleich ein tragisches und ein komisches Schlaglicht auf einen, in seiner bloßen Faktizität neutralen Vorgang zu werfen, so daß sich für den Zuschauer die synthetische Empfindung des Tragikomischen einstellt. [...]
Dieser mehr strukturmorphologischen Bauform stellen sich Gestaltungsweisen zur Seite, die es ermöglichen, das Tragikomische schon in den dramatischen Verlauf selbst hineinzunehmen, ohne erst durch Randfiguren mit Kommentatorfunktion die antithetischen Schlaglichter zu setzen. Das geschieht zunächst in der *Raum- oder Atmosphärekategorie*, im *ordo simultaneorum*, von dem Herder im Shakespeareaufsatz spricht[1] und den Hauptmann meint, wenn er notiert: ›Es gibt im Drama außer dem Stofflichen und Formalen noch ein Drittes‹ (VI, 1038)[2]. Besonders in den Tragödien hat Hauptmann ja gerade diesem Dritten, der Atmosphäre, durch Bildgebrauch, Raumgestaltung und leitmotivische Wiederholung von Geschehensmomenten seine besondere Sorgfalt zugewandt.
In den ›Ratten‹ wird die dichte tragikomische Atmosphäre, die das ganze Stück durchzieht, durch eine Diskrepanz in der Raumkategorie gestaltet. Zwei Welten treffen sich unharmonisch in dem Dachgeschoß der ehemaligen Kavalleriekaserne. Die Kostüme des Theaterfundus des Ex-Theaterdirektors Hassenreuter bauen eine Welt der heroischen und tragischen Größe auf; aber mit größter Sorgfalt wird als Kontrast das armselige Mietskasernenmilieu des Dachbodens, eine Welt der kleinlichen Enge und unfreiwilligen Lächerlichkeit gezeichnet. Berliner Straßenlärm, Kindergeschrei, Leierkastenmusik, Lachen, niedrig-

1 Vgl. Herder/Goethe/Frisi/Möser, »Von deutscher Art und Kunst« [1773], hrsg. von Hans Dietrich Irmscher, Stuttgart 1968; durchges. und bibliogr. erg. Ausg. 1977 (Reclams Universal-Bibliothek, 7497 [3]), S. 87.

2 Die Zitatnachweise wurden hier und in den folgenden Texten, sofern nach anderen Ausgaben zitiert ist, auf die Centenar-Ausgabe (CA) umgestellt; Seitenzahlen ohne Bandangabe beziehen sich auf den Text der »Ratten« in Band 2.

ste Verbrechen und Laster, komische Figuren und ›Bassermannsche Gestalten‹ dringen in die Rumpelkammer, in der die lorbeerbekränzte Karl-Moor-Photographie und die Kostüme hängen, ›gemacht, die Träume der Dichter zu veranschaulichen‹ (819). Diese Welten werden in ihrem ständigen Zugleich aneinander gemessen, was besonders Alice Rütterbusch bewußt wird (747), und sie relativieren sich gegenseitig zum synthetischen Gefühlseindruck des Tragikomischen. Das Berliner Vorstadtmilieu und die erhaben heroische Welt der Haute Tragédie setzen sich durch ihre Inkommensurabilität ununterbrochen gegenseitig sowohl in tragisches als auch komisches Licht. Die tragikomische Relativierung in der Raumkategorie ist vollkommen.«

Karl S. Guthke: Gerhart Hauptmann und die Kunstform der Tragikomödie. In: Germanisch-Romanische Monatsschrift 38 (1957). S. 354 und 356. –

GERHARD KAISER:

»›Eine wahre Tragödie sehen hieß, beinahe zu Stein erstarrt, das Angesicht der Medusa erblicken, es hieß, das Entsetzen vorwegnehmen, wie es das Leben heimlich immer, selbst für den Günstling des Glücks, in Bereitschaft hat.‹ So schreibt Hauptmann im ›Griechischen Frühling‹.[3] Nichts anderes aber widerfährt zuletzt den Augenzeugen der John-Tragödie, wie Hassenreuter, wieder als komischer Mund einer über ihn hinausgehenden Wahrheit, laut einer Variante des Bühnenmanuskripts bezeugt, wenn er den letzten Abgang der John mit den Worten kommentiert: ›Spitta, wir haben das Haupt der Gorgo gesehen! Wer hätte der John so etwas zugetraut!‹[4] [...]
Mit dem Blick auf das Verhältnis zur Antike gewinnt auch die Hassenreuter-Handlung der ›Ratten‹ einen überra-

3 CA VII,80.
4 Vgl. Kap. II (Varianten des Schlusses), S. 58.

schenden Aspekt. Hauptmann knüpft [...] in den ›Ratten‹ speziell an den Chor in der ›Braut von Messina‹ an, den Schiller in diesem Drama erneuert, und die Hassenreuter-Episoden selbst sind eine sinnreiche Erneuerung und Verwandlung des antiken Tragödien-Chors. Der Chor als idealisierter Zuschauer – genau das stellt sich im Theaterdirektor Hassenreuter mit seinem Kreis dar. Allerdings – und so wendet sich die Tragödie zur Tragikomödie – verhält sich dieser Chor nicht tragödiengemäß. Für sich betrachtet, ist die Hassenreuter-Handlung, die gegenüber der voll entfalteten John-Handlung nur skizzenhaft bleibt, ebenso komödienhaft wie das John-Schicksal tragödienförmig. Sie erfüllt bis in die Verästelungen ein uraltes Komödienschema – das Mißverhältnis von Sein und Schein, Prätention und Wert. Der alte Pfarrer Spitta, angeblicher Christ, läßt, während Christus sich der Maria Magdalena erbarmt, seine Tochter in der Gosse verkommen und verstößt, während der biblische Vater das Fest der Heimkehr rüsten läßt, den verlorenen Sohn. [...] Theaterdirektor Hassenreuter, der Ehrenmann, der sich als Stütze der Moral und der Gesellschaft aufführt und mit eherner Strenge über der Tugend seiner Tochter wacht, hat im Theaterfundus ein Rendezvous mit einer hübschen Schauspielerin. Er beklagt, und damit gewinnt die Ratten-Metapher abermals eine neue Variante, daß Neuerer wie der Sohn Spitta – ›Rattenplage! – unser herrliches neues geeinigtes Deutsches Reich [...] unterminieren‹ und ›die Wurzeln des Baumes des Idealismus‹ abfressen (779 f.), und bei alledem ist der Idealismus in ihm selbst verstaubt und verkommen wie der Theaterfundus, der als sinnbildlicher Spielort die durcheinandergeworfenen Masken und Versatzstücke einer leergewordenen Kultur repräsentiert: Kunst erscheint als Kulisse eines erbarmungslosen Daseinskampfes; hinter dem Gesang ›wirklich hübsche[r] Männerstimmen‹, die »›Deutschland, Deutschland über alles‹, ›Wer hat dich, du schöner Wald‹, ›In einem kühlen Grunde‹ und dergleichen absingen« (781), tarnt sich ein Verbrecherklub. Auch der junge Spitta, der sich in erbittertem Affront gegen die Welt Hassenreuters glaubt, ordnet sich ihrem Leitmotiv letzten Endes unter, denn sein Ideal der Wahrheit und der mitleidenden Liebe in Kunst und Leben ist nur ein verblasener Traum, eine andere Form der Lebenslüge, gefährlicher als die Hassenreuters, weil schwerer zu durchschauen. Es ist kennzeichnend, daß Spitta, der Heros einer neuen Zeit, körperlich kümmerlich, nichts ist und nichts kann als Kunst und Leben theoretisieren. Noch sein Mitleid ist weltfremd. ›Wohltätig‹ sind Hassenreuters Tochter Walburga seine Tiraden; sie verhält sich kulinarisch zu dem, was er ›Besonderes, Dunkles, Großes‹ will (804). Am Ende ist Spitta unterwegs, nach dem subjektiv ernst gemeinten Kampf, der objektiv nur ein Scheingefecht war, seinen Frieden mit dem Juste Milieu zu machen. Die gegen Hassenreuters Willen eingeleitete Verlobung mit dessen Tochter Walburga wird von der Mutter halb und halb sanktioniert, und Hassenreuter hat schon das Schema bereit, mit dessen Hilfe restaurative Gesellschaften ihre revoltierenden Außenseiter zu unterlaufen und einzuordnen pflegen: ›Junge Leute suchen.‹ (784) Während die John in den Tod geht, bereitet sich bei Hassenreuters ein Happy-End vor, und damit ist nicht etwa lediglich ein Nebeneinander komischer und tragischer Elemente gegeben, sondern ein Gegeneinander. Es ist nicht das unbändige Leben, das hier siegt, sondern das bequeme Arrangement, das am Tod vorbeisieht und ihn damit um seine tragische Würde bringt. Der Chor in der antiken Tragödie und auch in der ›Braut von Messina‹ wird von der tragischen Erschütterung ergriffen und verwandelt, so wie sich die Welt in der tragischen Krise reinigt und verwandelt. Der Chor der John-Handlung hingegen wird des Blickes in den tragischen Abgrund gewürdigt, ohne daß er die große Verwandlung erführe, die aus der Erkennung der tragischen Lebensantinomien fließt, und damit wiederholt sich in den ›Ratten‹ auf sehr viel kunstvollere Weise, in der Engführung zweier Handlungen, der gleiche tragikomische Effekt, der für die

Fielitzen im ›Roten Hahn‹ konstatiert wurde: Der Lebenstrieb, der in der Tragödie klug wird und erlischt, bleibt in der Tragikomödie dumm und dumpf und möchte weitermachen wie bisher. Aus der tragischen Perspektive der John-Handlung wird die Hassenreuter-Komödie, aus der komischen Perspektive der Hassenreuter-Handlung die John-Tragödie denaturiert, und Hauptmann selbst sagt über die Verflechtung der Handlungen in den ›Ratten‹, sie stellten ›gleichnisweise etwas von dem tragikomischen Gehalt des *blinden* menschlichen Daseins dar.‹[5]
Es bleibt zu begründen, daß die These von der Chor-Funktion der Hassenreuter-Handlung mehr ist als ein Aperçu und daß die Augenzeugen der John-Handlung, gerade indem sie darüber reden, sie nicht zur Kenntnis nehmen. Die eine Behauptung wird durch die andere bewahrheitet. Die Hassenreuter-Handlung erweist sich als parodistische Variante des Tragödienchors dadurch, daß die Kunstdiskussion, die im Kreis des Theaterdirektors entsteht, im Blick auf die John-Handlung geführt wird. [...] Während der antike Tragödienchor als idealer Zuschauer des tragischen Falles die existentielle Ausgesetztheit des Menschen erfährt und reflektiert, erfährt und reflektiert der Chor der John-Handlung deren ästhetische Brauchbarkeit. Während vor dem Kunstwerk der Tragödie die Distanz der Betrachtung übergeht in Erschütterung und Mitleiden, wird hier die erschütternde Lebenswirklichkeit des tragischen Falles aufgehoben und vom Augenzeugen abgerückt durch die Distanzhaltung ästhetischer Anschauung. Wer, wie Spitta, mit dem Tragischen konfrontiert, es als Argument einer ästhetischen Diskussion gebrauchen kann, weiß zwar vieles, aber hat nichts verstanden. Wer, wie Hassenreuter, das furchtbar aufsteigende Haupt der Gorgo apostrophiert, hat es nicht wirklich erblickt – man erinnere sich an Hauptmanns Überzeugung, daß, wer die wahre Tragödie sieht, beinahe zu Stein erstarrt. Auch in diesem gemeinsamen

5 Kaiser zitiert aus der Erklärung Hauptmanns, die eingangs dieses Kapitels abgedruckt ist; Hervorhebung vom Verf.

Nicht-Erstarren zeigen sich Hassenreuter und Spitta als letztlich zusammengehörig – eben als zwei Stimmen des einen Chors, der, weil durch das tragische Schicksal unverwandelt, wiederum als insgeheim episches Moment dieses Dramas sich ausweist. In der Erneuerung übernimmt bei Hauptmann der dramatische Chor die Aufgabe eines epischen Rahmens, denn anders als der Chor im klassischen Drama, der die tragische Bewegung mitvollzieht, fängt der epische Rahmen die Bewegung einer Binnenhandlung in sich auf: die epische Geschichte mündet ins seiende Jetzt, das Drama öffnet die Welt zur Zukunft. [...]
Im ›Roten Hahn‹ ist der Tod der Heldin sinnlos; in den ›Ratten‹ wird der Tod der Heldin durch ihre Umwelt sinnlos gemacht. Wo das Leben als bloßes Schauspiel genommen wird, wird aber auch die Kunst um sich selbst betrogen. Wo der Mensch nicht mehr fähig ist, im Anblick der Gorgo zu erstarren, ist die Tragödie unmöglich und widersinnig geworden. Damit werden die ›Ratten‹ zur Tragikomödie der Tragödie; Hauptmanns größte und bedeutendste Tragikomödie, eines seiner bedeutendsten Dramen überhaupt, erweist sich als Dichtung über Dichtung, als Drama über das Drama. Es ist der Abgesang einer großen Tradition, die als ununterbrochene Kette der Rezeption griechischer Tragödie von Lessing bis zu Hauptmann reicht.«

Gerhard Kaiser: Die Tragikomödien Gerhart Hauptmanns. In: Eckehard Catholy / Winfried Hellmann (Hrsg.): Festschrift für Klaus Ziegler. Tübingen: Niemeyer, 1968. S. 282–288. –

Gérard Schneilin:

»[...] der Theaterfundus Hassenreuters, jener Haufen von ausgedienten, abgenutzten Requisiten, Kostümen und Masken, spielt an auf die leere, fassadenhafte Potemkinwelt, der sich die John gegenübersieht. Hier gibt es keine

Gegenspieler mehr für sie. Die Hassenreuters und Spittas behaupten sich nicht etwa durch ihre Kraft und Macht, sondern durch Anpassung, Arrangements, Kleinheit, Kleinmütigkeit. Vor dieser jämmerlichen Grundsatzlosigkeit, angesichts dieser kleinbürgerlichen Lächerlichkeit und unpersönlichen Muffigkeit ist keinerlei Tragik mehr möglich. Auch ihr Mann, der Maurerpolier John, bringt es weder zur Gegenfigur, noch zum Mitschuldigen. ›Paul, du hast mir zujrunde jerichtet!‹ (810), gesteht ihm seine Frau vor der Katastrophe, was er nicht versteht, was auch nichts mehr nützen kann. Als ›besserer‹ Handwerker bewegt er sich zwischen den sozialen und politischen Fronten: dieser Kriegsveteran trägt das Eiserne Kreuz und singt die Wacht am Rhein, der Sozialdemokratie hält er sich fern. Sein Ideal sind die Sekundärtugenden des wilhelminischen Kleinbürgertums: Ordnung, starrsinniger Ehrsinn, ›Gerechtigkeitswahnsinn‹ (831), werden bei ihm zu oberflächlichen, hohlen, unmenschlichen Moralhülsen im Konformismus des Unpersönlichen. Auch diese Figur scheitert an der Diskrepanz zwischen Wert und Prätention und wird wie die anderen Kleinbürger des Stücks zur austauschbaren Mechanik. Insofern ist er komisch, in seiner Relation zu seiner Frau tragikomisch.

Frau John bleibt also isoliert auf sich angewiesen, auf sich selbst zurückgeworfen. Die Kraft, der Lebenswille dieser Gestalt schlagen am Ende um ins Gegenteil, in Todessehnsucht, in den Freitod. Das könnte ein tragischer Leidensweg sein, doch wird gerade durch die komische Gegenaktion diese letzte Legitimierung unterbunden. Kein Gefühl der Sühne kommt ihr ins Bewußtsein, insofern ist ihr Tod viel wertloser als der von Dürrenmatts Ill.[6] Die Nichtigkeit der Zeugen beraubt ihn des Sinnes, der ihm in einem tragi-

6 In »Der Besuch der alten Dame« (1956); Dürrenmatt schreibt über Ill und dessen (Stellvertreter-)Tod in einer »Anmerkung«: »Sein Tod ist sinnvoll und sinnlos zugleich. Sinnvoll allein wäre er im mythischen Reich einer antiken Polis, nun spielt sich die Geschichte in Güllen ab. In der Gegenwart.« (»Komödien I«, Zürich [7]1965, S. 342 f.)

schen Gefüge zukommen sollte. Im Rahmen der im Kleinbürgerlichen erstarrten Nicht-Existenz dieser Berliner Mietskaserne kommt ihr Tod am Ende, der ihr verpfuschtes Leben aufwiegen sollte, um jeglichen läuternden Sinn. Darin liegt das Tragikomische dieses Schlusses.

Mit Recht weist Gerhard Kaiser darauf hin, daß die Berliner Tragikomödien Hauptmanns einen Augenblick in seinem Schaffen darstellen, wo ihm droht, daß er den Bezugspunkt zu irgendeiner übergeordneten, wert- und sinngebenden Instanz vermißt. Die Utopie einer besseren Gesellschaft, welche die Sozialkritik der naturalistischen Stücke nährte, der Glaube ›an die objektive Gültigkeit und allgemeine Verbindlichkeit des Ethos der Humanität sowie an die grundsätzliche Fähigkeit des Menschen zu seiner Verwirklichung‹, die Ziegler noch im Anklang an den Idealismus bei ihm finden will[7], sind darin nicht mehr zu sehen; die mythische Hilfsordnung der späteren Stücke ist noch nicht vorhanden. Darum war zu diesem Zeitpunkt als dramatische Form nur die Tragikomödie möglich, worin sich gerade die Aushöhlung des Objekts und die Ferne oder Leere des Absoluten ausdrückt. Dies erklärt auch die Verwendung in den ›Ratten‹ von Bauformen, deren sich die heutigen Tragikomiker bewußt bedienen: Parodie, grotesker Paradox, Ambivalenz, ihrerseits Auflösungszeichen der überholten geschlossenen Form und zugleich Elemente der neuen tragikomischen Form. Die Entsakralisierung des Absoluten und die Entwertung der Gesellschaft machen das Tragische unmöglich: daraus ergibt sich auch die Auflösung der Tragödie und die Umgestaltung ihrer Bauformen in solche, deren das moderne Theater in diesem Zusammenhang logisch Gebrauch macht. Es ist das Verdienst Hauptmanns, dies zu einem Moment seines Schaffens erkannt und verwirklicht zu haben. Nicht von ungefähr geschah es zur Zeit des Verfalls des wilhelminischen Systems,

7 Schneilin verweist auf: Klaus Ziegler, »Das deutsche Drama der Neuzeit«, in: »Deutsche Philologie im Aufriß«, hrsg. von Wolfgang Stammler, Berlin 1960, Bd. 2, Sp. 2166.

der [sich] auf diese Art in seinem Theater niedergeschlagen hat.«

Gérard Schneilin: Zur Entwicklung des Tragikomischen in der Berliner Dramaturgie: Gerhart Hauptmanns »Ratten« und Sternheims »Bürger Schippel«. In: Revue d'Allemagne 14 (1982). S. 302–304.

PETER SPRENGEL:

»Aus der Eigenart der Beziehung der Hassenreuter-Ebene zur John-Handlung ist schließlich auch der Gattungscharakter dieser ›Berliner Tragikomödie‹ zu begreifen. ›Tragikomödie‹ sind ›Die Ratten‹ nicht bloß durch die Addition einer primär tragischen Handlungsebene (um Frau John) und einer zweiten eher kom(ödiant)isch akzentuierten Ebene (um Direktor Hassenreuter). Eine eigentlich tragikomische Qualität erhält das Stück vielmehr durch die Relation beider Ebenen – eine Relation, die sich von seiten der Hassenreuter-Partei so pauschal wie treffend mit dem Stichwort ›Blindheit‹ bezeichnen läßt. Das Unvermögen gebildeter – und zwar gerade in Fragen ästhetischer Einschätzung gebildeter – Beobachter, eine unmittelbar vor ihnen und mit ihrer unwissentlichen Mitwirkung abrollende Tragödie wahrzunehmen, muß eine spezifisch tragikomische Wirkung erzeugen. Hauptmann selbst, der ja im ›Gegensatz zweier Welten‹ die Grundvoraussetzung dieser Tragikomödie erblickt, betont zunächst, wie zitiert, die weitgehende Geschiedenheit beider Seiten am Anfang und am Schluß. Er fährt fort: ›Allerhand Verflechtungen indessen, mechanisch und ideell, bringt ihnen unbewußt das Schicksal in ihre Beziehungen, und diese Verflechtungen und das Unbewußte dieser Verflechtungen stellen gleichnisweise etwas von dem tragikomischen Gehalt des blinden menschlichen Daseins dar‹ (XI, 810).
Soviel zur Verankerung des Tragikomischen in der Struktur des Stückes selbst. Wahrscheinlich läßt sich die Gattungsqualität dieser Tragikomödie vollständig aber nur vor dem Hintergrund übergreifender literarischer und gesell-

schaftlich-kultureller Entwicklungen erklären. Es kann nicht Zufall sein, daß die bedeutendsten Dramatiker der Jahrhundertwende im ersten Jahrzehnt dieses Jahrhunderts eine ausgeprägte Vorliebe für tragikomische Schreibweisen entwickeln. Das gilt für Wedekind (›Der Marquis von Keith‹, 1900) ebenso wie für Sternheim (›Bürger Schippel‹, 1913) und Schnitzler (›Das weite Land‹, 1910; ›Professor Bernhardi‹, 1912). Hauptmann seinerseits hatte schon vor den ›Ratten‹ zwei Tragikomödien verfaßt: ›Der rote Hahn‹ (1901) und das erst 1921 veröffentlichte Künstlerdrama ›Peter Brauer‹ (entst. 1908–10). Vor allem ›Der rote Hahn‹, die allgemein unterschätzte Fortsetzung des ›Biberpelz‹, läßt ahnen, warum sich die Tradition der Komödie (der ja schon ›Der Biberpelz‹ nur auf eine problematische Weise angehörte) nach dem Zerbrechen vorgegebener Gattungscharaktere in der Moderne nicht ohne weiteres fortsetzen läßt. Eine realistische Darstellung aktueller gesellschaftlicher Probleme ist in der traditionellen Komödie offenbar nicht mehr zu leisten; die Öffnung der Komödie gegenüber tragischen Bedrohungen erscheint als Gebot der Stunde. Auch ›Die Ratten‹, in deren Endfassung sicher die tragische Dimension überwiegt, stellen sich in entstehungsgeschichtlicher Sicht ja als tragisch vertiefter, zum Tragischen hin geöffneter Komödienplan dar.«

Peter Sprengel: Gerhart Hauptmann: »Die Ratten«. Vom Gegensatz der Welten in einer Mietskaserne. In: Dramen des Naturalismus. Interpretationen. Stuttgart: Reclam, 1988. S. 264–266.

Neben der Gattungsproblematik wird in nahezu allen Kritiken und Interpretationen das Titelsymbol diskutiert. Während etwa Paul Schlenther in seiner Besprechung der Uraufführung konstatierte, das Symbol sei »schwach und schwach gedeutet«, die »Schwäche dieses Symbols« sei »ein Symbol der Schwächen des Stücks«, haben insbesondere Oskar Maurus Fontana (1911) und Paul Rilla (1925) bereits erhellende

Hinweise zu dessen Bedeutung und Funktion gegeben (s. Kap. IV). Nachfolgend sind einige neuere Deutungen zusammengestellt.

Benno von Wiese:

»Gewiß sind mit dem Bild der Ratten auch die unheimlichen Tiere gemeint, die in der gesamten ehemaligen Kavalleriekaserne, insbesondere aber im Bereich des Theaterfundus am Werke sind. Aber den Titel nur auf sie zu beziehen, wäre grenzenlos töricht. Denn die Existenz dieser Tiere bekommt eine stellvertretende Bedeutung für den unterirdischen Zerstörungsprozeß überhaupt. [. . .] Hauptmann ist weit davon entfernt, das vieldeutige Bild der Ratten für eine bestimmte Welthaltung zu reservieren. Sowohl das Überlebte und gespensterhaft noch weiter Wirkende gehört dazu als auch die willkürlichen Konstruktionen, mit denen eine neue Zukunft erzwungen werden soll. Die Ratten kommen überall aus dem Dumpfen und Lichtlosen herauf und zerstören die zum Trug gewordene Ordnung des bürgerlichen Lebens. Am eindringlichsten ist daher gerade die unheimliche Gestalt des völlig Asozialen, des Bruno, bis ins Physiognomische seiner ›schwarzen, kleinen und stechenden‹ Augen hinein zur Ratte geworden, die wie ein Tier aus dem Unterirdischen aufsteigt und dann ins Dunkel wieder verschwindet. Denn Rattenwelt ist und bedeutet morsche Welt schlechthin, Welt im ungewissen Licht, ohne Erkenntnis der Wahrheit, eine Welt, in der alles schwankt, so wie sie am Ende der immer stärker in den Argwohn hineingetriebene brave, aber auch beschränkte John erfährt, für den der Boden seiner Stube ›jeden Oojenblick bis in Keller‹ durchbrechen kann. Denn die Ratten gibt es auch bei ihm, gerade in seiner Wohnung.«

Benno von Wiese: Wirklichkeit und Drama in Gerhart Hauptmanns Tragikomödie ›Die Ratten‹. In: B. v. W.: Zwischen Utopie und Wirklichkeit. Studien zur deutschen Literatur. Düsseldorf: Bagel, 1963. S. 228 f. –

Hans Joachim Schrimpf:

»Das Rattensymbol, das dem Stück den Titel gegeben hat, ist aber durchaus zweideutig. Es verweist nicht nur darauf, daß die alte bürgerliche Ordnung mit ihren Moralkonventionen und ihrer erstarrten Religion hohl und abbruchreif geworden ist, sondern zugleich auch darauf, daß die sozialethischen Reformer, wie etwa der entlaufene Theologiestudent Spitta, mit ihren an sich berechtigten Forderungen ihrerseits den allgemeinen Verfalls- und Zerstörungsprozeß notwendigerweise noch vorantreiben müssen. Sie sind das gleichfalls destruktive Gegenbild jener inhumanen Ordnung, *abhängiges Produkt noch ihres eigenen Gegensatzes.* Der Maurerpolier John, der an die Wand klopft, hat das Gefühl, daß alles dahinter hohl sei.

Zu den Ratten also, welche die unmenschlich gewordene Bürgerkultur selbst freigesetzt hat, gesellen sich jene Ratten, die gerade um dieser bedrohten Humanität willen die Fassade der Bürgerideologie zum Einsturz bringen sollen. Den Bismarck-Verehrer und klassizistischen Theaterdirektor Hassenreuter trifft die ganze Schärfe demaskierender Ironie, wenn er den Gesinnungsgenossen des jungen Spitta vorwirft: ›Sie sind ein Symptom ... Sie sind eine Ratte! Aber diese Ratten fangen auf dem Gebiete der Politik – Rattenplage! – unser herrliches neues geeinigtes Deutsches Reich zu unterminieren an. Sie betrügen uns um den Lohn unserer Mühe und im Garten der deutschen Kunst – Rattenplage! – fressen sie die Wurzeln des Baumes des Idealismus ab‹ (779 f.). Denn gerade er selbst, Hassenreuter, ist trotz aller sympathischen Fülle seiner individuellen Person ein Symptom, eben in seinem geistigen Rüstzeug wie seinem theatralischen Fundus auf dem Dachboden nisten die Ratten. Es ist die verlogene Scheinwirklichkeit seines komisch und unmenschlich zugleich wirkenden Bürgertums, was die Neuerer der jungen Generation ins Recht setzt, was es ihnen geradezu zum sittlichen Gebot macht, ›die Wurzeln des Baumes des Idealismus‹ abzufressen. Und doch kennzeichnet es die doppelte Ironie dieses Stücks, daß auch die sozialen Neuerer selbst wieder in ihrer rein oppositionellen Haltung einer makabren Blindheit wirklichem menschlichen Leiden gegenüber verfallen.«

Hans Joachim Schrimpf: Struktur und Metaphysik des sozialen Schauspiels bei Gerhart Hauptmann. In: H. J. Sch. (Hrsg.): Literatur und Gesellschaft vom neunzehnten ins zwanzigste Jahrhundert. Bonn: Bouvier, 1963. S. 282 f. – © 1963 Bouvier Verlag Edition Röhrscheid, Bonn.

Gerhard Kaiser:

»Die Tragödie der Frau John vollzieht sich im Kontrast zum Drama des Idealismus und zugleich als schöpferische Rezeption eines Urbildes: der griechischen Tragödie, von der Hauptmann bei seiner Griechenlandreise 1907 eine eigene, anti-idealistische Anschauung gewonnen hat. ›Es kann nicht geleugnet werden‹, schreibt Hauptmann 1908 im ›Griechischen Frühling‹, drei Jahre vor den ›Ratten‹, ›Tragödie heißt: Feindschaft, Verfolgung, Haß und Liebe als Lebenswut! Tragödie heißt: Angst, Not, Gefahr, Pein, Qual, Marter, heißt Tücke, Verbrechen, Niedertracht, heißt Mord, Blutgier, Blutschande, Schlächterei [. . .]‹[8] Nichts anderes als diesen entsetzlichen Kampf des Lebens mit sich selbst stellt die John-Tragödie vor Augen. Das soziale Milieu ist nicht mehr, wie im Naturalismus, Ausdruck einer besonderen historischen Verfassung der Gesellschaft, sondern ein Bild des Lebens schlechthin als eines Kampfes aller gegen alle, wo die ›Verzweifelten, Brust an Brust, in unterirdischen Löchern und Röhren, um das nackte Leben [. . .] ringen‹, wie Hassenreuter mit komischem Pathos, aber doch hohem Wahrheitsgehalt sagt (819). Das Motiv der Ratten, das im Bild von den Löchern und Röhren anklingt, hat hier seinen letzten Sinngehalt:

8 CA VII,80.

Wie Ratten, in die Enge getrieben, alles zerfleischen, so fallen im John-Drama die Menschen in einem Rausch der Vernichtung übereinander her.«

Gerhard Kaiser: Die Tragikomödien Gerhart Hauptmanns. In: Eckehard Catholy / Winfried Hellmann (Hrsg.): Festschrift für Klaus Ziegler. Tübingen: Niemeyer, 1968. S. 280f. –

Hans Kaufmann:

»In der äußeren Form bereitet es Hauptmann hier und da Schwierigkeiten, die verschiedenen Handlungsstränge auf wenigen Schauplätzen unter einem Dach zusammenzuführen (so gibt es einige etwas krampfhafte Abgänge von der Bühne, die gebraucht werden, um eine Nebenhandlung weiterzuführen, bei der eine vorher anwesende Figur nichts zu suchen hat). Die Berliner Mietskaserne, in der das Drama spielt, vereint aber wichtige, die moderne Gesellschaft bestimmende gesellschaftliche Schichten: Lumpenproletariat (Bruno), Proletariat mit kleinbürgerlicher Tendenz (Familie John), bürgerliche Intelligenzkreise (die Familien Hassenreuter und Spitta), heruntergekommene Aristokratie (Frau Knobbe). In all diesen Kreisen ist das Leben tief, ja unheilbar unstimmig, vom Zerfall menschlicher Beziehungen gekennzeichnet.
Mit der Mietskaserne verbindet Hauptmann auch das zentrale Symbol, das dem Stück den Titel gibt. Maurerpolier John spricht im fünften Akt am umfassendsten aus, worauf schon vorher mehrfach angespielt wurde, was aber vor allem die gesamte Handlung gezeigt hat: ›Horchen Se ma, wie det knackt, wie Putz hinter de Tapete runterjeschoddert kommt! Allens is hier morsch! Allens faulet Holz! Allens unterminiert, von Unjeziefer, von Ratten und Mäuse zerfressen! – Allens schwankt! Allens kann jeden Oojenblick bis in Keller durchbrechen.‹ (824.)
Das Rattensymbol verdeutlicht, was die Ereignisse um die

Familien Hassenreuter und Spitta, die vom Standpunkt der dramatischen Handlung wenig mit dem Hauptkonflikt, dem Streit um das Kind, verbunden sind, mit der Geschichte der Frau John zu tun haben. Das Symbol verleiht dem Stück die Einheit, die die Handlung nicht zu geben vermag. Es durchleuchtet und verallgemeinert die einzelnen Handlungen als Symptome einer Gesellschaft, die reif zum Untergang ist. Es trifft die gesamte bürgerliche Vorkriegsgesellschaft und zeigt, daß sie nach allen Seiten hin unterwühlt ist und nur noch notdürftig in ihren Fundamenten hält.

Die Ungeziefersymbolik findet sich häufig in der Dichtung dieser Zeit – zum Beispiel bei Trakl, Benn oder Heym. Im Ophelia-Gedicht Heyms versinnbildlicht das Rattennest im Haar der toten Ophelia den Übergang von Schönheit in Fäulnis und Häßlichkeit. Wenn Hauptmann im naturalistisch konzipierten Milieustück die Ungezieferproblematik im gleichen Sinne verwendet, wie sie im antinaturalistischen Gedicht auftaucht, so deutet sich darin an, daß er hier den Anschluß an wesentliche Probleme der Vorkriegsgesellschaft und ihre künstlerische Bewältigung gefunden hat. Die Ungeziefersymbolik hat eine bedeutende Tradition als Mittel zur Gestaltung gesellschaftlicher Umbruchssituationen. Wir finden sie bei Shakespeare (›Hamlet‹) wie bei Goethe (›Faust‹) und Heine (›Der Wanzerich‹ und andere Gedichte). Doch wird sie dort mit eindeutig satirischer Zielrichtung eingesetzt: eine bestimmte reaktionäre Klasse oder Schicht beziehungsweise deren Exponenten werden als Ungeziefer charakterisiert. Hauptmann dehnt die Bedeutung dieses Symbols ausdrücklich auf die ganze Gesellschaft, auf alle ihre Schichten aus. Es büßt dadurch seinen Angriffscharakter ein, es verliert seine satirischen Potenzen. Ebenso dringlich wie hilflos wird allgemeine Krisenhaftigkeit signalisiert; doch die Kritik gibt keinen Ansatzpunkt, der in der Krisensituation Elemente ihrer Überwindung erkennen ließe. Das Symbol sagt nur, daß der Zustand durch den Zusammenbruch abgelöst werden wird.«

Hans Kaufmann: Zwei Dramatiker: Gerhart Hauptmann und Frank Wedekind. In: H. K.: Krisen und Wandlungen der deutschen Literatur von Wedekind bis Feuchtwanger. Fünfzehn Vorlesungen. Berlin/Weimar: Aufbau-Verlag, 1966. S. 58 f. –

Unter verschiedenen Gesichtspunkten, auch von unterschiedlichen ideologischen Positionen aus haben Brigitte Stuhlmacher und Klaus-Dieter Post Figurenwelt und Figurenkonstellation der Tragikomödie erörtert und interpretiert – unter Einbeziehung der Frage nach den Opfern und Schuldigen, nach Ursachen und Verursachern von Elend und Leid.

Brigitte Stuhlmacher:

»Hauptmann erklärt das Zusammentreffen zweier Welten in der lokalen Einheit eines Hauses für die Ausgangsidee seines Werkes. Das erinnert deutlich an Sudermanns ›Ehre‹ [1889] und daran, wie dort aus dem Antagonismus von Vorder- und Hinterhaus ein Zeit- und Berlin-Bild sich entwickelte. Der sozialanalytische Ansatz Hauptmanns folgt dieser Tradition und modifiziert sie auf neue soziale Phänomene hin. [. . .]
Kontraste und Gegeneinandersetzungen bestimmen das Bild vom Zusammenleben der Menschen aus verschiedenen Klassen und Schichten. Brutale Kämpfe gibt es innerhalb der sozialen Gruppen, gegen die Hierarchie wird nicht gekämpft. Der Antagonismus im gesellschaftlichen System wird deutlich, aber kaum, daß aus ihm eine Alternative erwachsen könnte. Es geht auch nicht um Wertsetzungen im Spektrum, sondern um dessen lebendige Breite und bewegliche Vielfalt. In der so ausgerichteten Bestandsaufnahme großstädtischen, Berliner sozialen Lebens scheint gerade ein Spezifikum des Stückes zu liegen. Wenn man mit Holz/Schlafs ›Familie Selicke‹ [1890] vergleicht, wo alles

Konzentration auf den einen, aber hoch charakteristischen sozialen Fall ist, dann stellt sich das viel spätere ›Ratten‹-Stück mit seinen eng benachbarten sozialen Inhalten als dramatisches Experiment mit vielen Varianten dar, wodurch allerdings das modern Spezifische des Großstadtlebens, die relative Mobilität und das ineinander verschobene Nebeneinander der Existenzweisen und der Haltungen und der Reaktionen einen neuen und sehr überzeugenden Ausdruck gewinnt.

Hauptmanns Darstellung der Lebensweise der Hausbewohner bildet ein solches reiches Spektrum: Es erstreckt sich von der Lebensweise des guten Arbeiters aus einem Spitzenberuf mit gesichertem Arbeitsplatz über die des Hausverwalters der Mietskaserne, der selbst halb kriminell scheint und außerdem ein Spitzel und Zuträger der Polizei ist, bis zu der des Verbrechers Bruno, der die völlige Unmöglichkeit, eine sichere Existenz (er hat auch keine Wohnung) für sich zu finden, selbstverständlich aus den gegebenen gesellschaftlichen Realitäten ableiten kann. In seinem Elend bezeugt er die Inhumanität des Systems genauso wie die Prostituierte, die an Drogen zugrunde geht, oder die lungenkranke Näherin, die am Fenster des dritten Stocks sitzt.

Aus den Schicksalen der Frauen baut Hauptmann ein anderes Spektrum auf. In ihnen, die noch abhängiger und zerstörbarer sind, zeigt er die geradezu prädestinierten Opfer einer unmenschlichen Gesellschaftsverfassung. Die Kette dieser Schicksale – der Frau John, Piperkarcka, Sidonie Knobbe, Selma Knobbe, Spittas Schwester, Alice Rütterbusch, Walburga Hassenreuter – geht quer durch die Klassen, und da diese Frauen und Mädchen fast alle untergehen, sammelt sich hier ein massives Anklagepotential gegen die Gesellschaftsordnung.

Die Anklage richtet sich auch direkt gegen die Verteidiger bürgerlicher Ordnung im Stück, gegen den Theaterdirektor Hassenreuter, der ein Verehrer der neuen Reichsherrlichkeit und Bismarcks ist, und gegen den Pastor Spitta, der die reaktionärste und dogmatischste Variante orthodoxen Christentums und moralisch drapierten Machtanspruchs vertritt. Der hat seine Tochter in den Tod getrieben, er verstößt den Sohn, er verachtet die Theaterleute als Gesindel, und Berlin ist für ihn die klassische Stätte des Verderbens, ›das ist einfach Weltuntergang‹ (784).

Von dieser äußersten Position reaktionär konservativer bürgerlicher Lebenshaltung muß man Hassenreuter und seine Familie allerdings entschieden absetzen. Hier werden eher liberale Positionen sichtbar und überhaupt schwankende. Es gibt ganz menschliche Reaktionen und viel Vernunft, daneben Kleinlichkeit und Heuchelei und Anpassung an Konventionen und dann vor allem die durch Hassenreuter brillant vertretene Mentalität des Schauspielers – Temperament, Spielfreude, Verwandlungskunststücke, Posen, Tiraden und verblüffende Wechsel. Hassenreuter selbst vertritt schon ein ganzes Spektrum von Haltungen. Er agiert als Charmeur und als Hausvater, als Schmierenkomödiant, als Gesellschaftsmensch, als Bildungsbürger, als Persönlichkeit mit Lebenserfahrung und als komische Figur. Mit diesem Charakter schafft sich Hauptmann ein lebendiges Zentrum seiner Figurenwelt und ein Muster für die vielfältige Fülle von Erscheinungen des sozialen Lebens.

Im Zentrum des Hauses aber steht Frau John. Ihre große und tragische Geschichte ist der prägende Gegenstand des Dramas, in ihrem Schicksal modelliert sich das Leben der Frauen dieser Zeit. Noch mehr als zeitbestimmt aber ist es raumbestimmt. Frau Johns Leben ist in das Haus gebannt. Sie ist eine durch dessen Milieu geprägte Figur und wird gleichsam mit ihm identisch. Die enge, luftlose, gedrückte und erniedrigte Lebensweise der Frau aus dem Volk, aus der arbeitenden Masse der Berliner Bevölkerung, bildet den Konzentrationspunkt für die Betrachtung des sozialen Systems der Gesellschaft, wie es sich in dem Berliner Mietshaus spiegelt, das in der ärmsten und verrufensten

Gegend der sonst doch auch reichen und glänzenden Reichshauptstadt steht.«

Brigitte Stuhlmacher: Berliner Häuser in modernen Dramen. Exempel: Hermann Sudermann und Gerhart Hauptmann. In: Peter Wruck (Hrsg.): Literarisches Leben in Berlin 1871–1933. Bd. 1. Berlin [Ost]: Akademie-Verlag, 1987. S. 236–240. –

KLAUS-DIETER POST:

»Es ist zu einfach, Frau John als eine von ›elementarer Leidenschaft zum Kinde besessene Person‹, ihre verzweifelten Bemühungen als ›Gaunerei‹ abtun zu wollen.[9] Damit würden die Akzente verschoben, Mutter John auf die Ebene der anderen Akteure zurückgestuft. Mutter John ist vielmehr in dem kleinen Kosmos, den Hauptmann uns innerhalb der Grenzen eines düsteren Mietshauses vor Augen stellt, der einzige Mensch, der in einer untergehenden Welt keimendes Leben noch retten und beschützen könnte. Man werfe nur einen Blick auf die anderen Mütter: ›... bei de Kielbacken, wo Kinder in Fleje hat, sterben von's Dutzend mehrschtens zehn‹ (830), hören wir vom Hausmeister. Sidonie Knobbe läßt ihre Kinder verhungern und verkommen und Pauline Piperkarcka ist viel zu einfältig, um einem Kind in dieser Welt Schutz bieten zu können. Diese Mütter sind Zerrbilder ihrer selbst, nur bei Frau John sind die ›Lebenssachen‹ noch aufgehoben. Wen bekümmert's, daß sie nicht die leibliche Mutter ihres Kindes ist.

[...] was trotz aller Unzulänglichkeit, trotz des Abstandes zwischen der Berliner Mietskaserne und dem Stall von Bethlehem vor dem Hintergrund einer durch Ratten gefährdeten Welt auftaucht, ist ein Funke der Hoffnung in

9 Post zitiert aus: Benno von Wiese, »Wirklichkeit und Drama in Gerhart Hauptmanns Tragikomödie ›Die Ratten‹«, in: »Jahrbuch der Deutschen Schillergesellschaft« 6 (1962), S. 315.

Gestalt einer Mutter und eines Kindes. Gäbe es diesen Hoffnungsfunken nicht, dann würde uns die Geschichte der Mutter John nicht weiter berühren. Sie tut es aber, und nicht etwa deshalb, weil hier die Ränke einer Gaunerin durchkreuzt werden, sondern weil mit der Zerstörung dieser Mutter-Kind-Beziehung für die Welt des Berliner Mietshauses die letzte Hoffnung geschwunden ist.
Nun wäre es falsch, die Gründe dafür im Ungefähren zu suchen, so zu tun, als ob diese Welt von geheimnisvoll dämonischen Kräften zerstört würde.[10] Der Mensch selbst ist verantwortlich für den Prozeß der Entmenschlichung und Zerstörung, und Hauptmann zögert nicht, diesen Menschen ins Licht zu rücken. Wen überrascht es noch, daß wiederum überdeutlich die Vatergestalt erscheint, diesmal in dreifacher Spiegelung, als Hassenreuter, Spitta und John. Hassenreuter führt sich schon bei seinem ersten Auftritt bezeichnenderweise als ›pater familias‹ ein und bekennt seinerseits seine Abhängigkeit von den großen Vatergestalten der klassischen deutschen Literaturepoche. Sein Lebensraum ist das Reich der Kunst und des Künstlichen. In den Planquadraten seines Bühnenraumes glaubt er dem Leben auf der Spur zu sein, während unter seinen Augen die letzten Lebensfunken erstickt werden. Er läßt sich über Schillers ›Braut von Messina‹ aus, ohne zu ahnen, daß in allernächster Nähe sich wiederum die Tragödie einer Mutter abspielt, daß Messina, zumindest was den vergeblichen Kampf einer Mutter angeht, nicht so weit von einer Berliner Mietskaserne entfernt liegt. Es wird deutlich, daß die Vatergestalt eines Harro Hassenreuter von Hauptmann nicht deshalb eingeführt wird, um, in einer Nebenhandlung, kunsttheoretische Aspekte abhandeln zu können. Nein, diese Vatergestalt hat ihren deutlichen Bezug zur Muttergestalt der Frau John. Denn an Hassenreuter werden jene Kräfte Bild, die das Leben in seiner Ursprünglichkeit bedrohen. Dessen ist sich der Theaterdirektor gar

10 Erneuter Verweis auf von Wieses Aufsatz, ebd., S. 316.

nicht bewußt. Seine Blindheit macht ihn schuldig, die Tatsache, daß er sich in seinen Theaterhimmel zurückzieht, daß er mit seinem ›Thespiskarren ... glücklichere Gefilde‹ aufsucht, wenn über die Mutter die Katastrophe hereinbricht.

Doch Hassenreuter steht nicht allein. Im geometrischen Zentrum des Dramas tritt plötzlich und unvorbereitet aus der Dunkelheit des Dachbodens die eigentliche Vatergestalt ins Rampenlicht. Pastor Spitta erscheint, um, indem er sich auf das Recht des Vaters vor Gott beruft, seinen Sohn zum Gehorsam zu zwingen, oder ihn anderenfalls, wie vorher bereits die Tochter, aus der Familie auszustoßen. In diesem Akt, so meine ich, liegt das Gegenbild begründet zur Gestalt und zur Tat der Mutter. Frau John macht aus dem fremden Kind ihr eigenes, erschafft den bergenden Kreis einer Familie, Spitta verstößt die eigenen Kinder, zerstört mit dem Fortbestand seiner Familie auch den Fortbestand des Lebens. Sein väterlicher Bann ist keineswegs als Episode abzutun. Hauptmann hat dafür Sorge getragen, daß alle Väter ihren Bannstrahl schleudern. Hassenreuter wurde, laut Walburga, von seinen Eltern verlassen. Er selbst droht seine Tochter aus dem Hause zu jagen; Sidonie Knobbe berichtet davon, daß ihr Unglück mit jenem Tage begann, als ihr Vater sie aus der Familie verstieß. Schließlich wird das Stück damit enden, daß der Maurerpolier John von seinem angeblichen Kinde nichts mehr wissen will.

Menschliche Bande gelten nicht mehr, wenn mit der Verletzung des Vaterbildes der väterliche Zorn in Aktion tritt. Erst die haßerfüllten Vaterworte gegen den ›ausgestoppten Balch von Lumpenspeicher‹ werden Frau John in den Tod treiben. John will nicht begreifen, was auf dem Spiel steht. In der Pose des alten Bernd versucht er, die Wirklichkeit von sich fernzuhalten. ›Er kriecht in sich zusammen, legt die Arme über den Kopf und verbirgt sein Gesicht‹ (829). Es ist in höchstem Sinne ironisch, wenn Hauptmann gerade diesem Mann die folgenden Worte in den Mund legt:

›Horchen Se ma, wie det knackt, wie Putz hinter de Tapete runterjeschoddert kommt. Allens is hier morsch! . . . Allens unterminiert, von Unjeziefer, von Ratten und Mäuse zerfressen!‹ (824). John beklagt hier einen Zustand, ohne die Frage nach den Ursachen zu stellen. Hätte er das getan, dann wäre ihm vielleicht die Einsicht gedämmert, daß das Bild der Welt, so wie es sich ihm darbietet, nicht zu trennen ist von seinem eigenen Verhalten. Die Ahnungslosigkeit des Maurerpoliers, die Kurzsichtigkeit des Theaterdirektors, der religiöse Starrsinn des Pastors Spitta – das sind nicht beliebige Charaktereigenschaften. In ihnen manifestiert sich vielmehr die erschreckende Unzulänglichkeit dieser Vatergestalten, wenn es um den Zugang zu den ganz konkreten und ursprünglichen Dingen dieser Welt geht. Das soll nicht heißen, daß Hauptmann das Bild der Ratten ihnen zugeordnet hat, es soll nur besagen, daß das Unheil nur deshalb in die Welt einbrechen kann, weil die Väter in krankhafter Weise auf sich selbst fixiert sind, sich aus dem eigenen Bannkreis nicht befreien können.«

Klaus-Dieter Post: Das Urbild der Mutter in Hauptmanns naturalistischem Frühwerk. In: Helmut Koopmann (Hrsg.): Mythos und Mythologie in der Literatur des 19. Jahrhunderts. Frankfurt a. M.: Klostermann, 1979. S. 362–365. –

Nach der Interpretation Posts taucht in einer vom Untergang gezeichneten Welt »noch einmal das Urbild der Mutter auf«, wird in ihr »noch einmal vom Dichter eine letzte Zuflucht bereitet« (a. a. O., S. 363). Welches Spektrum von Verständnis- und Deutungsmöglichkeiten die Tragikomödie eröffnet, mag abschließend die völlig anders akzentuierende Interpretation der ›Mutter John‹-Gestalt durch Gerhard Schulz belegen:

»In den ›Ratten‹ werden sogar zwei Familien und ihre Probleme kunstvoll miteinander verwoben und kontrastiert. In der Sphäre des Theaterdirektors Hassenreuter vollzieht sich eine bürgerliche Komödie voll großer Worte und kleiner Taten, bestimmt vom pater familias in seiner ganzen Fülle von Pathos, scheinbarer Stärke und wirklicher Schwäche. Gleichzeitig jedoch vollzieht sich auch das archaische Drama der Frau John, die sich ihre Macht als Frau dadurch versichern möchte, daß sie Mutter wird. Denn nicht eine Proletariertragödie entwickelt sich in dieser Berliner Mietskaserne im Gegensatz zum bürgerlichen Lustspiel, so konkret und dicht auch die Realität von Hauptmanns Stück ist, sondern etwas weit hinter alle sozialen Zeitprobleme Zurückgehendes. Frau Johns Pakt mit ihrem asozialen Bruder, ihre eigene Irrationalität in Rede und Handlung – in einer früheren Fassung Hauptmanns ist sie zeitweilig in einer Heilanstalt gewesen – verweisen deutlich genug darauf, daß hier Vorzivilisatorisches einbricht. ›Da kommt Ihre tragische Muse, Spitta‹ (780), meint Hassenreuter ironisch zu seinem aufsässigen und an der deutschen klassischen Ästhetik zweifelnden Schüler, als Frau John vorübergeht. Daß der Einbruch des Elementaren gerade im sozialen Milieu des arrivierten Maurerpoliers John geschieht, ist allerdings zwingend und notwendig, denn dort findet sich nicht der Widerstand einer gesellschaftlichen Konvention im gleichen Maße, wie das im Bürgertum der Fall war, wofür die Hassenreuter-Komödie das Beispiel liefert. Aber bei John gibt es auch nicht mehr den rein ökonomischen Widerstand der Armut, der zum Beispiel die Mutter Wolffen im ›Biberpelz‹ abgehalten haben würde, sich in eine Verwicklung wie diese zu stürzen. Verständlich wird jedenfalls die Handlungsweise der Frau John erst, wenn man ihren Wunsch nach einem eigenen, nicht adoptierten Kinde als den Versuch versteht, mit den der Frau zur Verfügung stehenden Mitteln Macht über den Mann zu bekommen; John arbeitet in Hamburg und ließe sich erst durch ein solches Ereignis wieder sicher nach Berlin zurücklocken. Als Frau John spürt, daß ihr Plan mißlingen könnte, hält sie ihrem Manne vor:

Wat läßte mir jahrelang alleene, Paul? wo ick in mein Käfije sitzen muß und keen Mensch nich is, mir ma auszusprechen. Manch liebet Mal hab' ick hier jesessen und jefracht, warum det ick immer rackern du', warum det mir abdarbe, Jroschens mühsam zusammenscharre, dein Verdienst jut anleje und wie ick uff jede Art wat zuzuverdien mir abjrübeln du'. Warum denn? Det soll allens for fremde Leite sind? Paul, du hast mir zujrunde jerichtet! (810)

Selbstverständlich kann ihre eigene Begründung nur das Äußere treffen, nicht die inneren Motivationen, über die sie sich selbst nicht im klaren ist, aber der Kontrast zwischen dem plausiblen, wenn auch wenig bedeutenden Grund (›Det soll allens for fremde Leite sind?‹) und dem tiefen Vorwurf (›Paul, du hast mir zujrunde jerichtet!‹) spricht deutlich genug von den unterhalb der Worte liegenden Motivationen. Hauptmanns Berliner Kreidekreis[11] ist kein Stück von irregeleiteter Mutterliebe, sondern vom Selbstbehauptungskampf der Frau gegen den Mann mit Hilfe eines Kindes.«

Gerhard Schulz: Gerhart Hauptmanns dramatisches Werk. In: Walter Hinck (Hrsg.): Handbuch des deutschen Dramas. Düsseldorf: Bagel, 1980. S. 320 f. –

11 Vgl. das auf einem chinesischen Singspiel basierende Stück Klabunds (»Der Kreidekreis«, 1925) sowie Brechts »Der kaukasische Kreidekreis« (1949). Bei Brecht wird der Mutterbegriff – unter ausschließlich sozialen Gesichtspunkten – neu bestimmt: Das Kind wird nicht der leiblichen Mutter zugesprochen, sondern der Magd, die es gerettet, beherbergt und erzogen hat.

VI. Literaturhinweise

1. Texte und Zeugnisse

Die Ratten. Berliner Tragikomödie. Berlin: S. Fischer, 1911.

Das gesammelte Werk. Ausgabe letzter Hand zum achtzigsten Geburtstage des Dichters. Erste Abteilung. 17 Bde. Berlin: S. Fischer, 1942. [»Die Ratten« in Bd. 5.]

Sämtliche Werke. Centenar-Ausgabe zum hundertsten Geburtstag des Dichters. Hrsg. von Hans-Egon Hass, fortgef. von Martin Machatzke und Wolfgang Bungies. 11 Bde. Frankfurt a. M. / Berlin: Propyläen Verlag, 1962–74. [Zit. als: CA; »Die Ratten« in Bd. 2.]

Die Ratten. Berliner Tragikomödie. Frankfurt a. M. / Berlin / Wien: Ullstein, 1978. (Ullstein Buch. Nr. 4977.)

Notiz-Kalender 1889–1891. Hrsg. von Martin Machatzke. Frankfurt a. M. / Berlin / Wien: Propyläen Verlag, 1982.

Tagebuch 1892 bis 1894. Hrsg. von Martin Machatzke. Frankfurt a. M. / Berlin / Wien: Propyläen Verlag, 1985.

Tagebücher 1897 bis 1905. Hrsg. von Martin Machatzke. Frankfurt a. M. / Berlin: Propyläen Verlag, 1987.

Otto Brahm – Gerhart Hauptmann. Briefwechsel 1889–1912. Erstausg. mit Materialien. Hrsg. von Peter Sprengel. Tübingen: Narr, 1985.

2. Bibliographien und Dokumentationen

Ludwig, Victor: Gerhart Hauptmann. Werke von ihm und über ihn (1881–1931). Neustadt (Schlesien) 1932.

Hoefert, Sigfrid: Internationale Bibliographie zum Werk Gerhart Hauptmanns. 2 Bde. Berlin 1986–89.

Ziesche, Rudolf: Der Manuskriptnachlaß Gerhart Hauptmanns. Katalog. Teil 1: GH Hs 1–230. Wiesbaden 1977. Teil 2: GH Hs 231–470. Ebd. 1987. (Staatsbibliothek Preußischer Kulturbesitz. Kataloge der Handschriftenabteilung. 2. Reihe: Nachlässe.)

Behl, C. F. W. / Voigt, Felix A.: Chronik von Gerhart Hauptmanns Leben und Schaffen. München 1957.

Zeller, Bernhard (Hrsg.): Gerhart Hauptmann. Leben und Werk. Gedächtnisausstellung des Deutschen Literaturarchivs. Stuttgart 1962.

Lauterbach, Ulrich / Siebert, Eberhard (Bearb.): Wirklichkeit und Traum. Gerhart Hauptmann 1862–1946. Ausstellung der Staatsbibliothek Preußischer Kulturbesitz Berlin. Wiesbaden 1987. (Ausstellungskataloge. 31.)

3. Zu Leben und Werk

Alexander, Neville E.: Studien zum Stilwandel im dramatischen Werk Gerhart Hauptmanns. Stuttgart 1964.

Brescius, Hans von: Gerhart Hauptmann. Zeitgeschehen und Bewußtsein in unbekannten Selbstzeugnissen. Eine politisch-biographische Studie. 2., verb. Aufl. Bonn 1977.

Cowen, Roy C.: Hauptmann-Kommentar zum dramatischen Werk. München 1980.

– Hauptmann-Kommentar zum nichtdramatischen Werk. München 1981.

Guthke, Karl S.: Gerhart Hauptmann. Weltbild im Werk. 2., vollst. überarb. und erw. Aufl. München 1980. (Uni-Taschenbücher. Nr. 982.)

Hilscher, Eberhard: Gerhart Hauptmann. Leben und Werk. Mit bisher unpublizierten Materialien aus dem Manuskriptnachlaß des Dichters. Frankfurt a. M. 1988.

Hoefert, Sigfrid: Gerhart Hauptmann. 2., durchges. und erg. Aufl. 1982. (Sammlung Metzler. Bd. 107.)

Leppmann, Wolfgang: Gerhart Hauptmann. Leben, Werk und Zeit. Bern/München/Wien 1986.

Marshall, Alan: The German Naturalists and Gerhart Hauptmann. Reception and Influence. Frankfurt a. M. / Bern 1982.

Maurer, Warren R.: Gerhart Hauptmann. Boston 1982.

Mayer, Hans: Gerhart Hauptmann. München ^{3}1973. (Dramatiker des Welttheaters. dtv 6823.)

Requardt, Walter / Machatzke, Martin: Gerhart Hauptmann und Erkner. Studien zum Berliner Frühwerk. Berlin 1980.

Schlenther, Paul: Gerhart Hauptmann. Sein Lebensgang und seine Dichtung. Berlin 1898. Neue Ausgabe u. d. T.: Gerhart Hauptmann. Leben und Werke. Umgearb. und erw. von Arthur Eloesser. Berlin 1922.

Schrimpf, Hans Joachim (Hrsg.): Gerhart Hauptmann. Darmstadt 1976. (Wege der Forschung. Bd. 207.)

Schulz, Gerhard: Gerhart Hauptmanns dramatisches Werk. In: Walter Hinck (Hrsg.): Handbuch des deutschen Dramas. Düsseldorf 1980. S. 311–326.

Sprengel, Peter: Die Wirklichkeit der Mythen. Untersuchungen zum Werk Gerhart Hauptmanns aufgrund des handschriftlichen Nachlasses. Berlin 1982.
– Gerhart Hauptmann. Epoche – Werk – Wirkung. München 1984.
– / Mellen, Philip (Hrsg.): Hauptmann-Forschung. Neue Beiträge. Hauptmann Research. New Directions. Frankfurt a. M. / Bern / New York 1986.
Wiese, Benno von: Gerhart Hauptmann. In: B. v. W. (Hrsg.): Deutsche Dichter der Moderne. Ihr Leben und Werk. 2., überarb. und erw. Aufl. Berlin 1969. S. 29–50.

4. Zu »Die Ratten«

Bellmann, Werner: Rinnsteinsprache. Anmerkungen zu Hauptmanns »Die Ratten«. In: Wirkendes Wort 37 (1987) S. 265–268.
Berger, Paul: Gerhart Hauptmanns »Ratten« (Interpretation eines Dramas). Winterthur 1961.
Cowen, Roy C.: Hauptmann-Kommentar zum dramatischen Werk. München 1980. [Zu »Die Ratten«: S. 167–171.]
– »Die Ratten« and Gerhart Hauptmann's Troubled Social Conscience. In: Imperial Germany. Essays. Edited by Volker Dürr [u. a.]. Madison/London 1985. S. 32–45.
Guthke, Karl S.: Gerhart Hauptmann und die Kunstform der Tragikomödie. In: Germanisch-Romanische Monatsschrift 38 (1957) S. 349–369.
Hess-Lüttich, Ernest W. B.: Soziale Interaktion und literarischer Dialog. II. Zeichen und Schichten in Drama und Theater: Gerhart Hauptmanns »Ratten«. Berlin 1985.
Hildebrandt, Klaus: Naturalistische Dramen Gerhart Hauptmanns. München 1983. [Zu »Die Ratten«: S. 68–89.]
Janich, Ingeborg: Interpretationen der Frau John. Studien zur Rezeptionsgeschichte von Gerhart Hauptmanns Tragikomödie »Die Ratten«. Diss. Wien 1978.
Kaiser, Gerhard: Die Tragikomödien Gerhart Hauptmanns. In: Eckehard Catholy / Winfried Hellmann (Hrsg.): Festschrift für Klaus Ziegler. Tübingen 1968. S. 269–289. Wiederabdr. in: Hans Joachim Schrimpf (Hrsg.): Gerhart Hauptmann. Darmstadt 1976. (Wege der Forschung. Bd. 207.) S. 360–384.
Kaufmann, Hans: Zwei Dramatiker: Gerhart Hauptmann und Frank Wedekind. In: H. K.: Krisen und Wandlungen der deutschen Literatur von Wedekind bis Feuchtwanger. Fünfzehn Vorlesungen. Berlin/Weimar 1966. S. 45–81. [Zu »Die Ratten«: S. 56–63.]

Mennemeier, F. N.: Literatursoziologische Bemerkungen zu G. Hauptmanns »Die Ratten«, G. Kaisers »Von morgens bis mitternachts«, H. von Hofmannsthals »Das Salzburger Große Welttheater«, S. Becketts »Warten auf Godot«. In: Der Deutschunterricht 23 (1971) H. 2. S. 70–85.
Mittler, Rudolf: Theorie und Praxis des sozialen Dramas bei Gerhart Hauptmann. Hildesheim / Zürich / New York 1985. [Zu »Die Ratten«: S. 239–268.]
Neuland, Brunhild: Zu Problemen des Tragikomischen im 20. Jahrhundert – dargestellt an Beispielen der deutschsprachigen Dramatik. Diss. Jena 1975. [Zu »Die Ratten«: S. 47–78.]
Post, Klaus-Dieter: Das Urbild der Mutter in Hauptmanns naturalistischem Frühwerk. In: Helmut Koopmann (Hrsg.): Mythos und Mythologie in der Literatur des neunzehnten Jahrhunderts. Frankfurt a. M. 1979. S. 341–366.
Rück, Heribert: Naturalistisches und expressionistisches Drama. Dargestellt an Gerhart Hauptmanns »Ratten« und an Georg Kaisers »Bürger von Calais«. In: Der Deutschunterricht 16 (1964) H. 3. S. 39–53.
Schneilin, Gérard: Zur Entwicklung des Tragikomischen in der Berliner Dramaturgie: Gerhart Hauptmanns »Ratten« und Sternheims »Bürger Schippel«. In: Revue d'Allemagne 14 (1982) S. 297–312.
Skinner, Charles: The Texts of Hauptmann's »Ratten«. In: Modern Philology 77 (1979) S. 163–171.
Sprengel, Peter: Gerhart Hauptmann. Epoche – Werk – Wirkung. München 1984. [Zu »Die Ratten«: S. 139–152.]
– Gerhart Hauptmann: »Die Ratten«. Vom Gegensatz der Welten in einer Mietskaserne. In: Dramen des Naturalismus. Interpretationen. Stuttgart 1988. (Reclams Universal-Bibliothek. Nr. 8412 [3].) S. 243–282.
Stuhlmacher, Brigitte: »Vom Teil zur Einheit des Ganzen ...« Gerhart Hauptmanns »Ratten«. In: Zeitschrift für Germanistik 4 (1983) S. 5–24.
– Berliner Häuser in modernen Dramen. Exempel: Hermann Sudermann und Gerhart Hauptmann. In: Peter Wruck (Hrsg.): Literarisches Leben in Berlin 1871–1933. Bd. 1. Berlin 1987. S. 204–253.
Tschörtner, H. D.: Ein grandioses Stück: »Die Ratten«. In: H. D. T.: Ungeheures erhofft. Zu Gerhart Hauptmanns Werk und Wirkung. Berlin 1986. S. 47–57.
Wiese, Benno von: Wirklichkeit und Drama in Gerhart Hauptmanns Tragikomödie »Die Ratten«. In: Jahrbuch der Deutschen Schillergesellschaft 6 (1962) S. 311–325. Wiederabdr. in: B. v. W.: Zwi-

schen Utopie und Wirklichkeit. Studien zur deutschen Literatur. Düsseldorf 1963. S. 215–231. – Hans Joachim Schrimpf (Hrsg.): Gerhart Hauptmann. Darmstadt 1976. (Wege der Forschung. Bd. 207.) S. 301–318.

Ziesche, Rudolf: Mutter John und ihre Kinder. Zur Vor- und Textgeschichte der »Ratten«. In: Peter Sprengel / Philip Mellen (Hrsg.): Hauptmann-Forschung. Neue Beiträge. Frankfurt a. M. / Bern / New York 1986. S. 225–248.

5. Hilfsmittel

Grimm, Jacob und Wilhelm: Deutsches Wörterbuch. 16 Bde. Leipzig 1854–1960. – Erg.-Bd.: Quellenverzeichnis. Ebd. 1971.

Avé-Lallemant, Friedrich Christian Benedict: Das Deutsche Gaunerthum in seiner social-politischen, literarischen und linguistischen Ausbildung zu seinem heutigen Bestande. 4 Tle. Leipzig 1858–62. [Tl. 4, S. 513–625: »Wörterbuch der Gaunersprache«.]

Meyer, Hans: Der richtige Berliner in Wörtern und Redensarten. 5. Aufl. Berlin 1904.

Ostwald, Hans: Rinnsteinsprache. Lexikon der Gauner-, Dirnen- und Landstreichersprache. Berlin [1906].

Büchmann, Georg: Geflügelte Worte. Der Zitatenschatz des deutschen Volkes. 32. Aufl., völlig neubearb. von Gunther Haupt und Winfried Hofmann. Berlin 1972.